DAS

GEBET DES SCHUTZES

ANDACHTEN

JOSEPH PRINCE

DAS GEBET DES SCHUTZES

ANDACHTEN

WIE MAN IN GEFÄHRLICHEN ZEITEN FURCHTLOS LEBT

Aus dem Englischen von
Gabriele Kohlmann

Grace today
VERLAG

Die amerikanische Originalausgabe erschien im Verlag FaithWords unter dem Titel *The Prayer of Protection Devotional.* Dieses Werk wurde vermittelt durch die Literarische Agentur Thomas Schlück GmbH, 30161 Hannover.

Die Deutsche Nationalbibliothek verzeichnet diese Publikation in der Deutschen Nationalbibliografie; detaillierte bibliografische Daten sind im Internet über https://dnb.de abrufbar.

Bibelzitate, sofern nicht anders angegeben, wurden der Schlachter Bibelübersetzung entnommen. Bibeltext der Schlachter, © 2000 Genfer Bibelgesellschaft. Alle Rechte vorbehalten. Alle Bibelübersetzungen wurden mit freundlicher Genehmigung der Verlage verwendet. Hervorhebungen einzelner Wörter oder Passagen innerhalb von Bibelzitaten wurden vom Autor vorgenommen.

AMP *Amplified Bible*, © 1987 The Lockman Foundation. www.lockman.org
ELB *Revidierte Elberfelder Bibel*, © 2006 SCM R.Brockhaus, Witten.
EÜ *Einheitsübersetzung*, © 1980 Kath. Bibelanstalt GmbH, Stuttgart.
GNB *Gute Nachricht Bibel*, revidierte Fassung, © 2000 Deutsche Bibelgesellschaft, Stuttgart.
HFA *Hoffnung für alle*, © by Biblica, Inc.®, hrsg. von Fontis.
LUT *Lutherbibel*, revidierter Text 1984, © 1999 Deutsche Bibelgesellschaft, Stuttgart.
LUT17 *Lutherbibel*, revidiert 2017, © 2016 Deutsche Bibelgesellschaft, Stuttgart.
NEÜ *Neue evangelistische Übersetzung*, © Karl-Heinz Vanheiden.
NGÜ *Neue Genfer Übersetzung* – Neues Testament und Psalmen, © 2011 Genfer Bibelgesellschaft.
NKJV *New King James Version*, © 1982 by Thomas Nelson, Inc.
NLB *Neues Leben Bibel*, © 2006 SCM R.Brockhaus, Witten.
ZÜB *Züricher Bibel*, © 2007 Verlag der Züricher Bibel beim Theologischen Verlag Zürich.

Umschlaggestaltung und Fotos: © 22 Media Pte. Ltd.
Corporate Design: spoon design, Olaf Johannson
Abbildungen: © 22 Media Pte. Ltd.
Lektorat: Sonja Yeo, Thilo Niepel
Satz: Grace today Verlag
Druck: CPI – Clausen & Bosse, Birkstraße 10, 25917 Leck
Printed in Germany

3. Auflage 2024

Paperback: ISBN 978-3-95933-065-7, Bestellnummer 372065
E-Book: ISBN 978-3-95933-064-0, Bestellnummer 372064

www.gracetoday.de

INHALT

Abschnitt 3
Zur richtigen Zeit am richtigen Ort

Abschnitt 4
Willige ein, unter seine Flügel zu kommen

Abschnitt 5
Furchtlos leben

Abschnitt 6
Es wird dich nicht treffen

Abschnitt 7
Wohne sicher in Christus, deiner Zuflucht

Abschnitt 8
Setze seine Engel in Bewegung

Abschnitt 9
Zeit, in die Offensive zu gehen

Abschnitt 10
Von der Liebe des Vaters beschützt

Abschnitt 11
Weisheit, um in Sicherheit zu bleiben

Abschnitt 12
Gottes Verheißung eines langen Lebens

EINLEITUNG

Wir leben in einer Zeit voller Gefahren. Eine Zeit, in der eine Person, die ein Konzert besucht, einem Terroranschlag zum Opfer fallen könnte. Eine Zeit, in der sich eine Viruserkrankung durch einen einzelnen Reisenden seuchenartig von Land zu Land ausbreiten könnte. Eine Zeit, in der sich Erdbeben, Überflutungen und andere Katastrophen scheinbar viel zu oft ereignen. Eine Zeit der Gewalt, Konflikte und kriegerischen Auseinandersetzungen.

Leider wissen wir bereits, dass die Welt ein noch dunklerer Ort werden wird. Das sagt uns Jesaja 60,2: *Finsternis bedeckt die Erde und tiefes Dunkel die Völker.*

Aber – ich habe gute Nachrichten für dich, mein Freund. Gute Nachrichten von den Verheißungen in Gottes Wort, die dich für diese Zeiten stärken und ausrüsten werden. Gute Nachrichten von seinem Schutz und seiner Gunst für dich. Die gute Nachricht, dass du *in* dieser Welt bist, aber nicht *von* dieser Welt!

Jesaja 60,2 endet nicht mit der tiefen Dunkelheit. Der Vers fährt hiermit fort: *Aber über dir geht auf der Herr, und seine Herrlichkeit erscheint über dir.*

Je dunkler die Welt wird, desto heller wirst DU scheinen. Während Trübsal und Verzweiflung die Erde bedecken, wird dein Licht zunehmend heller strahlen. Inmitten tiefster Dunkelheit wirst du Gottes Leuchtfeuer der Gnade und Herrlichkeit sein. Die Welt wird sehen, wie du in der Fülle der Segnungen und der Gunst des Herrn lebst, und sich fragen, wie du und deine Familie vor der Zerstörung und dem überall herrschenden Chaos bewahrt bleiben konnten.

Du kennst vielleicht die alttestamentliche Geschichte von Daniels Freunden, die in den Feuerofen geworfen wurden, weil sie sich geweigert hatten, vor der goldenen Statue von König Nebukadnezar niederzufallen und sie anzubeten. Der König, seine Statthalter und seine Berater sahen alle mit an, wie das Feuer keine Macht über die drei jungen Hebräer hatte. Nicht eine einzige Haarsträhne und keine Faser ihrer Kleidung wurden angesengt. Tatsächlich haftete nicht der geringste Rauch- oder Brandgeruch an ihnen, als sie aus dem Ofen stiegen!

Lieber Freund (damit meine ich natürlich immer auch alle Leserinnen), ich möchte, dass du dir vor Augen führst, wie Daniels Freunde vollständig unverletzt aus dem Feuerofen steigen. Das ist ein Bild von dir und mir heute. In Christus sind wir in dieser Welt, aber wir sind nicht von dieser Welt. Selbst wenn wir in extremste und überaus herausfordernde Umstände geraten, können wir sie dennoch unbeschadet hinter uns lassen. Derselbe Herr, der Schadrach, Meschach und Abed-Nego im Feuerofen beistand, steht heute auch dir bei!

Die Dunkelheit ist real. Das Feuer ist real. Die Gefahren in dieser Welt sind ganz gewiss real, aber die Zusage des Herrn, dass du beschützt und unangetastet leben darfst, kann zu einer noch viel größeren Realität in deinem Leben werden.

Das Wort Gottes sagt uns, dass Furcht mit Qual verbunden ist. Unser Vater im Himmel möchte nicht, dass irgendeines seiner geliebten Kinder von Furcht gequält wird. Sein Wort sagt uns: »Furcht ist nicht in der Liebe, sondern die vollkommene Liebe treibt die Furcht aus« (1Joh 4,18).

Diese Sammlung von neunzig täglichen Andachten enthält Auszüge aus meinem Buch *Das Gebet des Schutzes.* Sie werden dazu beitragen, dich fest in Gottes beschützender Liebe zu dir zu verankern und dein Herz zu bestärken. Ich möchte, dass *jede* Spur der Furcht, die dein Herz ergriffen hat, daraus verbannt wird. Du bist kein vom Unglück Verfolgter, dem nichts anderes übrig bleibt, als in Furcht zu leben. Nein, du bist von deinem himmlischen Abba ausgesondert. Du bist sein geliebtes Kind und er, der *niemals* schlummert noch schläft, behütet dich (siehe Ps 121,3–4)! Dennoch können wir seinen Schutz nicht als selbstverständlich voraussetzen!

Das Gebet des Schutzes – Andachten ist in zwölf Abschnitte unterteilt. Jeder Abschnitt enthüllt, was die Bibel über göttlichen Schutz sagt, und bietet Wahrheiten, von denen ich weiß, dass sie deinen Glauben aufbauen und dich stärken werden. Ziel ist, dass du dir jeden Tag ein wenig Zeit fürs Lesen und Nachdenken nimmst, damit du die Umstände in deinem Leben im Licht dessen siehst, was du aus jeder Andacht gelernt hast, und dein Herz, dein Denken und deinen Mund mit Gottes Verheißungen des Schutzes füllen lässt.

Jede der täglichen Lesungen wurde ausgewählt, damit du lernst, wie du das Gebet des Schutzes aus Psalm 91 persönlich anwenden und beten kannst. Ich habe noch einige andere Elemente hinzugefügt, die dir dabei helfen sollen, die Wahrheiten, die Gott dir zeigen möchte, in deinem Leben praktisch anzuwenden. Jede Tagesandacht beinhaltet:

- ***Einen Schlüsselvers*** – Eine mächtige, glaubensstärkende Bibelstelle, die sich auf den inspirierenden Andachtstext bezieht, diesem ein biblisches Fundament gibt und dein Herz im göttlichen Schutz verankert. Ich ermutige dich dazu, täglich über diese Bibelstellen nachzusinnen – du wirst überrascht sein, wie sehr der Heilige Geist dir Gottes Wort öffnen und dich erfrischen und dein Herz stärken wird!
- ***Einen erbaulichen Auszug aus »Das Gebet des Schutzes«*** – Eine inspirierende Wahrheit des neuen Bundes, die dir Gottes Verheißungen des Schutzes vermittelt, dein Denken erneuert und dich in die Freiheit von jeglicher Furcht entlässt. Diese Wahrheiten behandeln, was es bedeutet, im Schutz des Höchsten zu wohnen, und benennen die Schlüssel zu furchtlosem Leben im Schutz der Liebe des Vaters. Außerdem wirst du sehen, wie die Anwendung dieser Wahrheiten Gläubige dahin geführt hat, Gottes erstaunlichen Schutz am eigenen Leib zu erfahren.

- ***Gebet des Tages*** – Ein glaubenserfülltes Gebet, das dir helfen soll, deinem himmlischen Vater zu sagen, was du auf dem Herzen hast. Fühle dich frei, diese Gebete an deine eigenen Gegebenheiten anzupassen. Sprich einfach aus deinem Herzen. Denk daran, das ernstliche Gebet eines Gotteskindes bewirkt viel (siehe Jakobus 5,16). Dein Vater wartet und hört zu!
- ***Gedanke des Tages*** – Ein einfacher, kraftvoller Gedanke, der auf der täglichen Lesung und Bibelstelle gründet und dir hilft, dich auf Gottes Schutz und seine Gunst auf dir zu konzentrieren. Lass diese Gedanken deinen Verstand vor jeder Furcht und jedem entmutigenden Gedanken schützen, den der Feind dir entgegenschleudert.

Unser Herr ist gestern, heute und für immer derselbe. So, wie er die kostbaren Personen, deren Geschichten du in diesem Buch lesen wirst, auf übernatürliche Weise befreite, wird er auch dich befreien. Wenn du diese Verheißungen des göttlichen Schutzes in Gang setzt, wirst du Wunder der Befreiung, Bewahrung und Heilung in deinem Leben erfahren.

Von diesen neunzig Andachten solltest du eine pro Tag lesen, sodass sie dich über einen Zeitraum von etwa drei Monaten begleiten. Es ist mein Gebet, dass du auf deiner Reise durch die kraftvollen Offenbarungen, die in diesem Buch enthalten sind, dazu ermächtigt wirst, wahrhaft zuversichtlich und furchtlos in diesen gefährlichen Zeiten zu leben.

Psalm 91

1 Wer im Schutz des Höchsten wohnt
und ruht im Schatten des Allmächtigen,
2 der sagt zum Herrn: »Du bist für mich Zuflucht und Burg,
mein Gott, dem ich vertraue.«

3 Er rettet dich aus der Schlinge des Jägers
und aus allem Verderben.
4 Er beschirmt dich mit seinen Flügeln,
unter seinen Schwingen findest du Zuflucht,
Schild und Schutz ist dir seine Treue.
5 Du brauchst dich vor dem Schrecken der Nacht nicht zu fürchten,
noch vor dem Pfeil, der am Tag dahinfliegt,
6 nicht vor der Pest, die im Finstern schleicht,
vor der Seuche, die wütet am Mittag.

7 Fallen auch tausend zu deiner Seite,
dir zur Rechten zehnmal tausend,
so wird es doch dich nicht treffen.
8 Ja, du wirst es sehen mit eigenen Augen,
wirst zuschauen, wie den Frevlern vergolten wird.

9 Denn der Herr ist deine Zuflucht,
du hast dir den Höchsten als Schutz erwählt.
10 Dir begegnet kein Unheil,
kein Unglück naht deinem Zelt.
11 Denn er befiehlt seinen Engeln,
dich zu behüten auf all deinen Wegen.
12 Sie tragen dich auf ihren Händen,
damit dein Fuß nicht an einen Stein stößt;
13 du schreitest über Löwen und Nattern,
trittst auf Löwen und Drachen.

14 *»Weil er an mir hängt, will ich ihn retten;*
ich will ihn schützen, denn er kennt meinen Namen.
15 *Wenn er mich anruft, dann will ich ihn erhören.*
Ich bin bei ihm in der Not,
befreie ihn und bringe ihn zu Ehren.
16 *Ich sättige ihn mit langem Leben*
und lasse ihn schauen mein Heil.« (EÜ)

ABSCHNITT 1

IM SCHUTZ DES HÖCHSTEN

Wer im Schutz des Höchsten lebt, …
der findet Ruhe im Schatten des Allmächtigen.
PSALM 91,1 NLB

TAG 1

IN CHRISTUS SITZEND

Wer im Schutz des Höchsten lebt,
der findet Ruhe im Schatten des Allmächtigen.
PSALM 91,1 NLB

Wohin man sich heutzutage auch wendet, schlägt einem Angstmacherei entgegen. In Nachrichtensendungen und Zeitungen, in sozialen Medien und, leider, auch in christlichen Medien. Es ist jedoch entscheidend, dass wir unser Herz nicht von Furcht übermannen lassen. Sich von Furcht zu nähren, ist für uns als Gläubige nicht angemessen. Wenn sich dein Denken in Ängste verstrickt hat, ist es vielleicht an der Zeit zu prüfen, womit du deinen Verstand fütterst. Worüber hast du, bewusst oder unbewusst, nachgedacht? Nimmst du alles in dich auf und glaubst alles, was du in Nachrichten siehst, oder lebst du gemäß dem, was der Herr Jesus für dich auf Golgatha erworben hat?

Um dir zu helfen, Gottes Gedanken für dich in Bezug auf Furcht und auf dein Leben unter seinem Schutz zu verstehen, möchte ich dir in unserer heutigen Schriftstelle – dem ersten Vers von Psalm 91, dem Gebet des Schutzes – einen mächtigen Schlüssel zeigen. Das hebräische Wort für »leben« ist *jaschab*, was so viel heißt wie »hinsetzen, bleiben oder sich niederlassen«.[1] Das Erste, was Gott sich also von dir wünscht, damit du in den Genuss seines Schutzes kommst, ist zu *ruhen*. Sein Schutz, sein Friede, seine Liebe und andere Segnungen können in deinem Leben frei fließen, wenn du dich an einem Ort der Ruhe befindest.

Lass uns noch etwas länger bei dem Wort »leben« verweilen. Denken wir darüber nach, was es heißt, zu ruhen oder »sich zu setzen«. Die

Bibel sagt, dass wir *mit Christus* zur rechten Hand Gottes *sitzen* (siehe Eph 2,6; Hebr 1,3). Das Wort »sitzen« ist wunderbar – es bedeutet, dass du nicht länger stehst und arbeitest.

Unter dem alten Bund musste der Priester um neun Uhr das Morgenopfer bringen und anschließend sechs Stunden lang stehen bleiben, bis es um fünfzehn Uhr Zeit fürs Abendopfer wurde. Unser Herr Jesus wurde um neun Uhr morgens gekreuzigt und hing anschließend sechs Stunden lang am Kreuz, bis er um fünfzehn Uhr starb, wodurch er sowohl das Schattenbild des Morgenopfers als auch das des Abendopfers erfüllte (siehe Hebr 10,11–12). Weil Jesus zum endgültigen Opfer wurde, ist die Arbeit des Priesters getan und dieser muss nun nicht länger stehen bleiben. Weil unser Herr auf Golgatha rief: »Es ist vollbracht!« (Joh 19,30), *sitzen* wir heute in Christus (siehe Eph 2,6). Wir können unter dem Schutz des Höchsten sitzen – einem Ort des Friedens, der Geborgenheit und Sicherheit –, *und* wir können angstfrei leben, weil das Blut unseres Herrn Jesus für jeden einzelnen Segen des Schutzes bezahlt hat, der in Psalm 91 zu finden ist!

Ob du heute nun mit einer finanziell schwierigen Situation fertigzuwerden hast oder von Schlafstörungen, depressiven Gedanken oder gar Selbstmordgedanken geplagt wirst, mein Wunsch für dich ist es in jedem Fall, dass du einen Gott entdeckst, der dich liebt und der seine schützende Hand über dein ganzes Leben hält.

Gebet des Tages

Vater, ich danke dir für die große Liebe, mit der du mich geliebt und in Christus an deine rechte Seite gesetzt hast. Frohen Herzens entscheide ich mich, in die Ruhe einzutreten, die nur in dem vollbrachten Werk deines Sohnes zu finden ist, und an deinem geschützten Ort des Friedens, der Geborgenheit und der Sicherheit zu leben. Ich glaube, dass ich dank Jesu Blut heute angstfrei leben kann. Amen.

Gedanke des Tages

Dank Jesu Blut bin ich sicher geborgen
im Schutz des Höchsten
und kann furchtlos leben.

TAG 2

DIE MÄCHTIGEN NAMEN GOTTES

Der Name des HERRN ist ein starker Turm;
der Gerechte läuft dorthin und ist in Sicherheit.
SPRÜCHE 18,10

In der letzten Lesung haben wir erfahren, dass wir dank des vollbrachten Werks unseres Herrn Jesus »im Schutz des Höchsten« leben können und freien Zugang in die Gegenwart unseres *Eljon*, des Höchsten haben. Wir können im Schatten des Allmächtigen oder *Schaddai* bleiben. Schon allein diese beiden hebräischen Namen Gottes – *Eljon* und *Schaddai* – im ersten Vers von Psalm 91 helfen dabei, unsere Probleme wieder in die richtige Perspektive zu rücken, nicht wahr? Aus unserer Sicht und mit unserer eigenen Kraft mögen unsere gegenwärtigen Herausforderungen unüberwindbar erscheinen. Doch wenn wir in der Gegenwart von *El Eljon* ruhen – von Gott, dem Höchsten, der Himmel und Erde besitzt (siehe 1Mo 14,19) – und im Schatten von *El Schaddai* bleiben – von Gott, dem Allmächtigen, dem Alleingenügenden –, wirken unsere Widrigkeiten mit einem Mal nicht mehr so einschüchternd!

Ich bete für dich, dass du Gott in umfassenderer Weise wahrnimmst, wenn du ihn und seine Eigenschaften in der Bibel siehst und die Kraft seines lebendigen Wortes entdeckst. So erging es auch Carina aus dem US-Bundesstaat North Carolina:

Mein Enkelsohn Caylen wurde drei Monate zu früh geboren und wog nur knapp 700 Gramm. Er musste fast sechs Monate lang im Krankenhaus bleiben und wurde während dieser Zeit drei Mal operiert. Man sagte uns, seine Überlebenschancen seien gering. Und selbst wenn er überlebte, käme es aufgrund der extrem verfrühten Geburt zu erheblichen Entwicklungsverzögerungen.

Während seines Krankenhausaufenthalts wurde seine Mutter gefragt, ob es einen Bibelvers gebe, den sie gerne über dem Brutkasten ihres Sohnes anbringen lassen würde. Sie nannte ihnen Psalm 91. Ich weiß nicht einmal, ob meiner Tochter bewusst war, welche Kraft darin lag, diesen Psalm über Caylens Brutkasten anbringen zu lassen. Auch ich begriff es erst einige Zeit später.

Caylen wurde einmal am Herzen operiert und zweimal am Magen. Er überstand alle diese Operationen, und zwar so gut, dass der Doktor bemerkte: »Ich glaube, ihm ist nicht bewusst, dass er eigentlich krank sein sollte.«

Mein Enkel ist heute sechs Jahre alt und leidet an keinerlei Entwicklungsverzögerungen. Er ist in fast jedem Bereich sogar sehr weit entwickelt für sein Alter. Von einer verzögerten seelischen, körperlichen oder geistigen Entwicklung kann keine Rede sein. Preis dem Herrn!

Gott brachte Caylen an seinen geschützten Ort, wo er sicher war und Heilung empfing. Ich sah mit eigenen Augen, wie die Welt ihm keinen Schaden zufügen konnte, und heute ist er ein wandelndes Zeugnis der Kraft und Liebe Gottes.

Mein Freund, zweifellos liegt Kraft in Gottes Wort. Es liegt Heilungskraft im Gebet des Schutzes! Ich bete, dass auch du dich von seinem Wort stärken und dazu bringen lässt, im Schutz und im mächtigen Schatten deines *El Eljon* und *El Schaddai* zu ruhen.

Gebet des Tages

Vater, danke, dass ich zu dir laufen und Kraft in dir finden kann. Ich übergebe alle meine Sorgen in deine Hände. Ich danke dir für deine bleibende Gegenwart und ruhe in deiner Liebe, deinem Schutz und deiner Macht. Amen.

Gedanke des Tages

*Ich werde in der Gegenwart von **El Eljon** – von Gott, dem Höchsten, der Himmel und Erde besitzt – ruhen und im Schatten von **El Schaddai** – von Gott, dem Allmächtigen, dem Alleingenügenden – bleiben, dessen Macht kein Feind standhalten kann!*

TAG 3

WO IST DIESER GESCHÜTZTE ORT?

Denn so viele Verheißungen Gottes es gibt, in ihm [Christus] ist das Ja [die Antwort], deshalb auch durch ihn [in seiner Person und durch seine wirkende Kraft] das Amen [so sei es], Gott zur Ehre durch uns.

2. KORINTHER 1,20 ELB

Wo ist dieser geschützte Ort des Höchsten und wie kommt man dorthin? Bevor ich diese Frage beantworte, möchte ich dich bitten, vorsichtig zu sein mit Predigten und Lehren über Psalm 91, die den Ort »im Schutz des Höchsten« zu einem Ort machen, zu dem nur eine kleine Elite Zutritt hat und der dem Rest von uns verschlossen bleibt, weil wir nicht genug getan haben, wie zum Beispiel acht Stunden lang am Stück zu beten. Für gewöhnlich versucht eine Person, deren Lehre in diese Richtung geht, zu sagen, man müsse ein gewisses Maß an Heiligkeit erreichen, bevor man zu diesem Ort im Schutz des Höchsten gelangen kann. Nun, falls das wahr ist und tatsächlich acht Stunden des Gebets im stillen Kämmerlein deines Zuhauses erforderlich sind, um im Schutz des Höchsten wohnen zu dürfen, was ist dann mit all jenen von uns, die einen Vollzeitjob haben und nicht acht Stunden lang beten können, aber Schutz wirklich nötig haben?

Denk einen Moment darüber nach. Wer benötigt mehr Schutz – jemand, der in der Sicherheit seines Zuhauses betet oder jemand, der außer Haus seiner Arbeit nachgeht? Eindeutig die Person, die draußen in einer Welt arbeitet, in der Unfälle passieren und in der sie allen möglichen Krankheitserregern ausgesetzt ist. Und doch kann sie, gemäß einer solchen Lehre, nicht im Schutz des Höchsten wohnen, weil sie nicht acht Stunden pro Tag gebetet hat! Ergibt das irgendeinen Sinn für dich? Aus diesem Grund mag ich keine Predigten, die bestimmte Leute – insbesondere Prediger – so erscheinen lassen, als gehörten sie zu einer handverlesenen Elite. Die Segnungen des Herrn sind nicht nur für eine kleine Elite bestimmt. Wenn es ein Segen von unserem Herrn ist, dann hat *jeder* Zugang dazu. Die Jungen und die Alten, die Starken und die Schwachen, die Reichen und die Armen – *alle* haben durch den Glauben Zugang zu seinen Segnungen, die er reichlich gibt.

Lass mich dir sagen, wo dieser Ort des Schutzes ist. Der Ort, an dem du dich im Schutz des Höchsten befindest, ist ein Ort, an dem du *in Christus* bist. Würdest du mir zustimmen, dass der sicherste Ort, an dem man geborgen sein kann, in Christus zu finden ist? Wie kamst du dorthin? Indem du den Herrn Jesus als deinen persönlichen Herrn und Retter angenommen hast. Sobald du ein von neuem geborener Gläubiger bist, sieht dich der Vater in Christus. Du bist sicher, geschützt und geborgen an *dem* Ort des Schutzes! Sei fest in dieser Wahrheit verankert und erlebe künftig in erhöhtem Maß seinen göttlichen Schutz.

Gebet des Tages

Vater Gott, danke, dass es für mich Wirklichkeit ist, an dem geschützten Ort des Höchsten zu sein. Ich verankere mein Leben in deinem Wort, das mir sagt, dass du mich an diesen geschützten Ort in unserem Herrn Jesus gebracht hast. Ich glaube, dass ich in Christus im sichersten Versteck bin, in dem ich je sein kann, und dass jede Verheißung des Schutzes in deinem Wort Ja und Amen für mich ist. Amen.

Gedanke des Tages

Als wiedergeborener Gläubiger bin ich sicher, geschützt und geborgen in Christus, meinem Versteck, wo jede Verheißung des Schutzes, die in seinem Wort zu finden ist, Ja und Amen für mich bedeutet.

TAG 4

SICHER IN DER ARCHE

Und der HERR sprach zu Noah: Geh in die Arche, du und dein ganzes Haus; denn dich habe ich für gerecht befunden vor mir zu dieser Zeit.

1. MOSE 7,1 LUT17

Erinnerst du dich an die Geschichte von Noah und wie sicher geschützt er in der Arche war, als die Flut stieg? Obwohl Noah nicht vollkommen war, sah Gott ihn aufgrund seines Glaubens als gerecht an (siehe Hebr 11,7). Als die Flut kam, starben alle, die außerhalb der Arche waren, nur Noah und seine Familie wurden bewahrt und gerettet. Weshalb? Weil sie in der Arche waren, die ein Bild für Christus, unsere Rettung, ist (siehe Apg 4,12).

Die Arche hatte seitlich keine Fenster, sondern nur in der Nähe des Daches. In dieser Tatsache liegt die Wahrheit, dass Gott nicht will, dass du dich auf all die Dunkelheit, den Terror und das Böse um dich herum und in der Welt konzentrierst. Er möchte, dass du nach oben schaust und dir bewusst machst, dass sein Sohn zurückkommt, um dich zu sich zu holen. Ich möchte, dass du noch eine weitere Sache siehst: Ich glaube, es gab Momente, in denen Noah das Gleichgewicht verlor und hinfiel, weil die vom Sturm aufgepeitschten Fluten so hart gegen die Außenwände der Arche schlugen. Aber Noah fiel *in* der Arche; nie fiel er *aus* der Arche *hinaus*.

Für den Gläubigen heutzutage verhält es sich ebenso; wenn der Teufel dich versucht und du fällst, fällst du nicht aus deiner Position in Christus heraus, du bist dann immer noch *in* Christus. Im Buch der Sprüche Salomos heißt es: »Denn siebenmal fällt der *Gerechte* und steht wieder auf« (Spr 24,16 EÜ). Du siehst also, dass ein Gläubiger seine Gerechtigkeit nicht abwechselnd empfängt und wieder verliert. Die Gerechtigkeit, die uns heute gehört, ist ein Geschenk von unserem Herrn Jesus Christus (siehe Röm 5,17). Das heißt, wir mögen zwar von Zeit zu Zeit versagen, weil wir unvollkommene menschliche Wesen sind, und doch bleiben wir in Christus, unserer Arche, und verlieren auch nicht den Segen seines Schutzes.

Nur für den Fall, dass du dich das fragst: Weckt das in einer Person nicht den Wunsch nach einem leichtsinnigen Leben? Ganz sicher nicht! Ich glaube, das Wissen, dass du in Christus gerecht bist, lässt dich verantwortungsvoll und dem Herrn zur Ehre leben (siehe Röm 6,10–14). Die Offenbarung über unsere Gerechtigkeit in Christus bringt ein gerechtes Leben hervor (siehe Tit 2,11–12).

Gebet für den Tag

Herr Jesus, danke, dass allein du die Arche meiner Rettung bist. Danke, dass der Vater mich als gerecht ansieht, weil ich an dich glaube. Danke, dass du mir deine Gerechtigkeit als ein Geschenk gegeben hast. Ich glaube, dass ich auch dann, wenn ich versage, noch in dir bin und dass deine Segnungen des Schutzes mir trotzdem noch gehören. Amen.

Gedanke des Tages

Als unvollkommenes menschliches Wesen mag ich von Zeit zu Zeit versagen. Trotzdem bleibe ich in Christus, meiner Arche, und verliere seine Segnungen des Schutzes nicht.

TAG 5

SCHÄTZE WERT, WAS DU IN CHRISTUS HAST

Ihnen wollte Gott zu erkennen geben, was der Reichtum der Herrlichkeit dieses Geheimnisses unter den Nationen sei, und das ist: Christus in euch, die Hoffnung der Herrlichkeit.

KOLOSSER 1,27 ELB

Mein lieber Leser, je mehr du wächst in deiner Offenbarung und deiner Wertschätzung des vollbrachten Werkes Jesu, das dich in ihn hineinversetzt hat – an den Ort des Schutzes, an dem du sicher behütet und geborgen bist –, desto mehr wird dein Herz von Ruhe anstatt von Sorgen und Ängsten erfüllt sein. Etwas Mächtiges geschieht in deinem Herzen und in deinen äußeren Umständen, wenn du beginnst, deine Position in Christus zu schätzen, den Ort, an dem du die Fürsorge, den Schutz und die Liebe des Vaters erfährst.

Lass mich dir veranschaulichen, was es bedeutet, etwas wertzuschätzen. Nehmen wir an, ich brächte eine alte verstaubte Violine zu dir, der zwei Saiten fehlen, und sagte zu dir: »Ist sie nicht wunderschön?« Deine Reaktion wäre vermutlich: »Die ist kein bisschen schön, sie ist alt und wertlos.« Doch würde ich dir erzählen, es handele sich um eine original Stradivari, die früher einem berühmten Violinisten gehörte, würde deine Wertschätzung für diese verstaubte alte Violine sprunghaft steigen und du würdest mich bitten, sie einmal halten zu dürfen. Was ist geschehen? Deine Wertschätzung für die Violine veränderte sich, als du ihren wahren Wert erkanntest.

Ich möchte dir nahelegen, auf die gleiche Weise wertschätzen zu lernen, wie kostbar es ist, in Christus zu sein – an dem Ort, wo wir eng mit ihm verbunden sind, wo wir seine liebevolle Gegenwart beständig genießen dürfen, wo er über uns wacht und uns beschützt. Ich möchte es dir wirklich ans Herz legen, gesalbten Predigten zuzuhören, die dir mehr und mehr offenbaren, wer du in Christus bist und was du in ihm hast. Höre dir immer wieder Lehren an, die auf der Gnade basieren und von Gottes Zusage handeln, dich zu beschützen. Höre zu, wie Menschen Zeugnis von Gottes Gnade und Schutz geben. Warum? Weil du dadurch die Tatsache, dass du an diesem Ort des Schutzes wohnen darfst, immer mehr zu schätzen lernen wirst. Das wiederum wird dein Denken und dein Herz zunehmend in ihm ruhen lassen. Du wirst dann jeden Morgen mit der Zuversicht aufwachen, auf seine liebevolle Fürsorge, seinen Schutz und seine Bewahrung vertrauen zu können. Du wirst ein Leben führen, das voller Hoffnung und Energie ist, statt von Sorge und Furcht erfüllt zu sein, und du wirst erleben, wie er dich aus allem befreit und vor allem beschützt, was der Feind dir entgegenschleudern mag!

Gebet des Tages

Abba, Vater, danke, dass dein Wort mir den Reichtum zeigt, der darin liegt, in Christus Jesus, der Hoffnung der Herrlichkeit, zu sein. Danke dafür, dass du mich an diesen geschützten Ort der untrennbaren Nähe zu ihm bringst, an dem ich seine liebevolle Gegenwart beständig genießen kann. Ich ruhe in seiner liebevollen Fürsorge, seinem Schutz und seiner Bewahrung. Amen.

Gedanke des Tages

Weil ich in Christus bin, bin ich an dem geschützten Ort der Fürsorge, des Schutzes und der Liebe meines Retters – die ganze Zeit.

TAG 6

DER WUNSCH NACH GEISTLICHER NÄHE

»Du sollst im Land Goschen wohnen und nahe bei mir sein, du und deine Söhne und die Söhne deiner Söhne, deine Schafe und deine Rinder und alles, was du hast. Und ich will dich dort versorgen – denn noch fünf Jahre dauert die Hungersnot –, dass du nicht verarmst, du und dein Haus und alles, was du hast.«

1. MOSE 45,10–11 ELB

Der Ort, an dem wir »im Schutz« sind, ist ein Ort *in Christus*, und dabei geht es auch um Nähe. »Im Schutz des Höchsten« zu wohnen bedeutet, ihm nahe zu sein. Auf meinen Reisen nach Israel, die ich gemeinsam mit meinen Pastoren unternehme, gibt es Zeiten, zu denen die Sonne heiß herunterbrennt. Wenn wir dann im Freien sind, ob auf dem Berg der Seligpreisungen oder in Kapernaum, freuen wir uns immer darauf, einen schattigen Platz unter einem Baum zu finden. Der gefühlte Temperaturunterschied zwischen einem Aufenthalt im prallen Sonnenlicht und im schützenden Schatten eines Baumes ist wie Tag und Nacht. Ungeschützt im Freien könnten wir es unter der sengenden Hitze der Sonne nicht lange aushalten. Doch im Schatten eines Baumes können wir stundenlang sitzen und uns über das Wort Gottes unterhalten.

Lieber Freund, im Schatten des Allmächtigen zu sein zeugt von Nähe, Vertrautheit und Schutz. Es ist ein Ort der Erfrischung, an dem

Abkühlung und Ruhe zu finden sind. Wenn Psalm 91 davon spricht, »im Schutz des Höchsten zu wohnen«, dann geht es nicht um einen geografischen Standort, sondern um *geistliche Vertrautheit* mit unserem Herrn Jesus. Genauso wenig ist das Gebet des Schutzes eine Beschwörungsformel oder ein ritueller Singsang als Garant für Schutz. Es geht dabei vielmehr darum, deine Stellung in Christus und deine innige Beziehung zu ihm wertzuschätzen und dich mit ihm an diesem Ort des Schutzes zu befinden.

Seit mehr als einem Jahrzehnt lehre ich die Menschen in meiner Gemeinde, Psalm 91 über sich selbst und ihre Angehörigen auszusprechen und sich der engen Beziehung, die wir als Gläubige zu unserem Herrn Jesus haben, bewusst zu sein. Vor einigen Jahren erhielt ich ein Zeugnis, in dem ein Geschäftsmann, der unsere Gemeinde besucht, davon erzählte, wie Gott ihn beschützte. Es geschah während einer Geschäftsreise bei einem Aufenthalt im Marriott Hotel in Jakarta, Indonesien. Während er sich in der Eingangshalle des Hotels aufhielt, hörte er plötzlich eine laute Explosion. Eine Bombe war direkt vor dem Eingang des Hotels detoniert und die Druckwelle raste auch durch die Hotelhalle. Die Explosion war so stark, dass er einen menschlichen Körper an sich vorbeifliegen sah. Nachdem der Staub sich gelegt hatte, tastete er sich rasch ab und stellte fest, dass er zwar mit Blut bespritzt und von Trümmern umgeben war, aber selbst keine Verletzungen hatte. Erstaunlicherweise war er im *selben* Moment, in dem die Bombe detonierte, hinter eine Säule getreten, und diese hatte ihn gegen die direkten Auswirkungen der Explosion abgeschirmt. Stell dir nur vor, was hätte passieren können, wenn dieser Mann nicht genau in dem Moment die Säule erreicht hätte, in dem die Bombe explodierte. Alles Lob und alle Ehre gehören unserem Herrn Jesus, der über die Seinen wacht!

Gebet des Tages

Abba, Vater, danke, dass du mich nahe zu dir gebracht hast, auch wenn ich in einer Welt lebe, die immer dunkler wird. Danke, dass du mich in deinen Schatten gebracht hast, an den Ort der Nähe zu dir, an dem ich durch meinen gerechten Stand in Christus Jesus wohne. Ich glaube, dass ich an diesem Ort der Nähe sicher und geschützt bin und nichts zu befürchten habe. Amen.

Gedanke des Tages

Weil mein Herr Jesus mich liebt, wacht er über mich und passt auf meine Familie und mich heute auf.

TAG 7

GOTTES EWIGES, UNERSCHÜTTERLICHES WORT

Wir wünschen aber, dass jeder von euch denselben Eifer beweise, sodass ihr die Hoffnung mit voller Gewissheit festhaltet bis ans Ende, damit ihr ja nicht träge werdet, sondern Nachfolger derer, die durch Glauben und Geduld die Verheißungen erben.

HEBRÄER 6,11–12

Der Herr hat ein Wort in mein Herz gelegt, das *aktuell* die Zeit betrifft, in der wir leben, und dieses Wort heißt »Schutz«. Ich möchte dir anhand der Bibel zeigen, was Jesus dir mit seinem Kreuzestod hinsichtlich deines Schutzes geschenkt hat. Gerade jetzt, während ich dieses Buch schreibe, beauftragt der Herr mich damit, eindringlich über Psalm 91 zu predigen, damit du während dieser letzten Tage unter seinem göttlichen Schutz leben kannst. Psalm 91 hat zwar nur 16 Verse, ist aber vollgeladen mit vielen wirksamen Verheißungen, auf die wir uns berufen dürfen.

Werden wir mit Problemen konfrontiert, seien es Krankheiten, ein Unfall oder irgendeine andere Not, ist es leider so, dass viele von uns die Rettung durch unseren Herrn, die in seinem Wort zu finden ist, nicht ergreifen und für sich in Anspruch nehmen. Doch wenn du Gottes Wort der Rettung ergreifst, fürchtet sich der Teufel so sehr davor, dass dieses Wort in deinem Herzen feste Wurzeln schlagen könnte, dass er augenblicklich versucht, es aus deinem Herzen zu stehlen. Er wird dich auf deine äußeren Umstände hinweisen und dich mit Gedanken wie diesem verhöhnen: »Sieh doch nur, dein Kind ist noch immer krank – wo ist Gott nun? Wo zeigt sich die Realität von Psalm 91?« In einem solchen Moment hast du die Wahl. Du kannst entweder Abstand nehmen von Gottes Wort und dem Feind beipflichten, oder du bleibst im Glauben stehen und vertraust den Verheißungen Gottes.

Als der Herr es mir aufs Herz legte, dieses Buch über göttlichen Schutz zu schreiben, sagte er mir auch, es werde Leser geben, die denken mögen: *»Ich habe die Verheißungen von Psalm 91 doch schon für mich in Anspruch genommen, aber es hat nicht funktioniert.«* Mein lieber Freund, ich möchte dich dazu ermutigen, an seinem Wort festzuhalten. Wie auch immer deine Erfahrungen aussehen mögen, das Wort Gottes bleibt ewig und unerschütterlich bestehen. Solltest du in der Vergangenheit noch keinen rundum wirksamen Schutz erlebt haben, wirst du, davon bin ich überzeugt, mehr und mehr unter dem vollständigen Schutz des Herrn leben, wenn du an seinem Wort festhältst und im Glauben ausharrst.

Gebet des Tages

Vater, danke, dass du mir dein ewiges, unerschütterliches Wort gegeben hast, damit ich es studiere und darin verwurzelt werde. Ich bitte dich, meine Augen für deine vielen kraftvollen Verheißungen zu öffnen und meinen Blick auf deine zuverlässige Gnade und Treue gerichtet zu halten. Ich glaube, dass ich mehr und mehr unter deinem völligen Schutz leben werde, wenn ich im Glauben an deinen Verheißungen festhalte. Amen.

Gedanke des Tages

Ich glaube das Wort Gottes, das sagt:
»Dieser Gott – sein Weg ist vollkommen! Das Wort des HERRN ist geläutert; er ist ein Schild allen, die ihm vertrauen« (Ps 18,31).

TAG 8

BAUE DEINEN GLAUBEN AUF SEINEN VERHEISSUNGEN AUF

In sechs Drangsalen wird er dich retten, in sieben rührt kein Leid dich an. In Hungerzeiten rettet er dich vom Tod, im Krieg aus der Gewalt des Schwertes. Du bist geborgen vor der Geißel der Zunge, brauchst nicht zu bangen, dass Verwüstung kommt. Über Verwüstung und Hunger kannst du lachen, von wilden Tieren hast du nichts zu fürchten.

Hiob 5,19–22 EÜ

Ich glaube, dass der Herr mir obige Schriftstelle gab, um dich damit zu ermutigen. Lass uns den ersten Vers genauer betrachten: »In sechs Drangsalen wird er dich retten, in sieben rührt kein Leid dich an.« Zwar habe ich diesen Vers schon öfter gelesen, aber der Herr hat ihn in mir mit Leben gefüllt, und ich möchte dich an meiner neu gewonnenen Einsicht teilhaben lassen. Damit richte ich mich insbesondere an all jene, die im Bereich des Schutzes in hohem Maß entmutigt wurden. Vielleicht hast du etwas sehr Schwieriges oder sogar Tragisches erlebt oder durchlebst gerade eine äußerst herausfordernde Situation. Kann ich dich dazu ermutigen, deinen Glauben auf seinen Verheißungen und nicht auf deinen Erfahrungen aufzubauen?

Das Wort Gottes sagt, dass wir in dieser Welt in Bedrängnis kommen (siehe Joh 16,33). Allein die Tatsache, dass Gott in seinem Wort erklärt, er wird uns aus Bedrängnissen retten, zeigt uns, dass wir in solche Bedrängnisse geraten werden. Aber Gott möchte, dass uns Folgendes bewusst ist: Je öfter wir Predigten über Psalm 91 hören, je häufiger wir täglich dessen Verse zitieren und uns auf den Schutz besinnen, den der Herr uns zusichert, desto mehr wird unser Vertrauen auf diesen Schutz zunehmen.

Der Glaube kommt »aus dem Hören der Botschaft und die Verkündigung aus dem Wort von Christus« (Röm 10,17 NEÜ). Je mehr wir hören, umso mehr glauben wir! Je mehr wir das Gebet des Schutzes beten und für uns in Anspruch nehmen, desto mehr werden wir in dessen Segnungen leben. Das ist die Absicht dieses Buches – dich mit den Verheißungen des Schutzes zu sättigen, die der Herr dir für dein Leben gibt, und sie dich so lange hören zu lassen, bis dein Glaube robust und im Überfluss vorhanden ist.

Mein lieber Leser, Rettung aus Bedrängnis ist grandios, aber es gibt eine Zusage, die noch viel großartiger ist, und die hat sich erfüllt, wenn du an dem Punkt bist, wo dich kein Leid mehr anrühren kann. Das ist mein Gebet für dich und deine Angehörigen. Wir leben in gefährlichen Zeiten, doch wir haben einen allmächtigen Gott, der über uns wacht. Mögen wir alle wachsen in der zunehmenden Erkenntnis darüber, wie der Herr uns in den letzten Tagen seinen Schutz gewährt. Auch wenn noch keiner von uns angekommen ist, und ich schließe mich da mit ein, so sind wir doch alle auf einer Reise des Glaubens, hin zu einem Leben in der Fülle von Gottes Verheißungen, die er uns bezüglich seines Schutzes gibt. Lass uns dem Herrn dafür danken, dass er uns aus allen unseren Bedrängnissen rettet, während wir weiterhin im Glauben daran festbleiben, dass wir an einen Punkt kommen werden, an dem das Leid uns und die, die wir lieben, nicht mehr anrühren kann!

Gebet des Tages

Herr Jesus, danke, dass du auf dieser Reise des Glaubens bei mir bist und mich mit deinen Verheißungen des Schutzes ermutigst. Danke, dass ich meinen Glauben auf deinem Wort und nicht auf meinen Erfahrungen aufbauen kann. Ich glaube, dass ich, je öfter ich das Gebet des Schutzes bete und für mich in Anspruch nehme, umso mehr in dessen Segnungen leben werde. Amen.

Gedanke des Tages

Je mehr ich an den täglichen Schutz des Herrn glaube und mir seines Schutzes bewusst bin, desto stärker werde ich die Rettung aus meinen Bedrängnissen erleben, bis ich schließlich an einen Punkt komme, an dem das Leid mich nicht mehr anrühren wird.

ABSCHNITT 2

»ICH WERDE SAGEN«

Ich werde über den Herrn sagen:
»Er ist meine Zuflucht und meine Festung;
mein Gott, auf ihn vertraue ich.«
PSALM 91,2 NKJV

TAG 1

DEINE ZUFLUCHT UND FESTUNG

Ich werde über den Herrn sagen:
»Er ist meine Zuflucht und meine Festung;
mein Gott, auf ihn vertraue ich.«
PSALM 91,2 NKJV

Was sagst du heute über den Herrn? Wenn du sagst, die gegenwärtige Notlage oder eine Krankheit käme von ihm, weil er dich damit Demut lehren wolle, wird es Zeit, dass du deine Meinung über ihn änderst. Wenn du wirklich glaubst, dass er der Urheber deiner Probleme ist, warum solltest du dann zu ihm laufen und Hilfe von ihm erwarten?

Mein Freund, lass uns wie der Psalmist sein, der erklärte: »Ich werde über den Herrn *sagen*: ›*Er* ist meine Zuflucht und meine Festung; mein Gott, auf ihn vertraue ich.‹«

Das hebräische Wort für »Zuflucht«, *machsäh*, bezieht sich auf einen Unterschlupf zum Schutz vor Stürmen und Gefahren.[2] Diesen Zufluchtsort kann man in etwa mit den Bunkern vergleichen, die viele Juden in Israel heute in ihren Häusern haben, um sich so vor kleineren militärischen Angriffen zu schützen. Wenn du sagst, der Herr ist dein *machsäh*, sagst du damit gleichzeitig, er ist dein Ort der Hoffnung.

Der Herr ist auch deine Festung. Im Hebräischen ist das für »Festung« verwendete Wort *mezad*. Es beschreibt eine Burg oder ein Bollwerk[3], einen Ort der Verteidigung und des Schutzes vor Großangriffen. Ist das nicht ein wunderbares Bild? Was auch immer du gerade durchmachst, du kannst erklären, dass der Herr deine Zuflucht und deine Festung ist – dein Schutz vor kleinen und großen Angriffen.

Vielleicht sagst du nicht, dass Gott der Urheber deiner Probleme ist. Vielleicht sagst du *gar nichts* über den Herrn. Möglicherweise erscheint dir Gott weit entfernt und du fühlst dich von ihm abgeschnitten. Falls das auf dich zutrifft, kann ich dich dazu anregen, dir von deiner langen Liste von Dingen, die zu erledigen sind, eine Auszeit zu nehmen und einfach eine Zeit lang in seiner wohltuenden Gegenwart zu verbringen? Gott ist nicht weit entfernt; manchmal sind wir einfach nur zu abgelenkt, um seine Stimme hören oder seine liebevolle Gegenwart spüren zu können.

Nimm dir einen Moment Zeit und sieh dich selbst an dem Ort, wo du unter seinem Schutz bist. Verweile dort in seinem Schatten. Genieße seine Gunst. Empfange seine Weisheit. Und finde Ruhe für deine aufgewühlte Seele. Das Gefühl, Gott fern zu sein, ist nichts weiter als ein Gefühl. Er hat dir in seinem Wort versprochen, dass er dich nie verlassen noch im Stich lassen wird (siehe Hebr 13,5). Unser Herr Jesus hat für deinen Zugang zu Gottes beständiger Gegenwart bezahlt. Am Kreuz rief er aus: »Mein Gott, mein Gott, warum hast du mich verlassen?«, als Gott ihm den Rücken zukehrte (siehe Mt 27,46). Jesus nahm unseren Platz ein und wurde von Gott abgewiesen, als er unsere Sünden trug, damit wir heute seinen Platz in der beständigen Gegenwart des Vaters einnehmen und ihn zu unserer Zuflucht und Festung machen können.

Gebet des Tages

Herr Jesus, danke, dass du meine Zuflucht und meine Festung bist, mein Zufluchtsort vor Stürmen und Gefahren und meine Festung gegen kleine und große Angriffe. Ich komme in deinen Schatten, um dort von deiner Gunst bedeckt zu sein, deine Weisheit zu empfangen und Ruhe für meine Seele zu finden. Ich glaube, dass ich dank deines vollbrachten Werks am Kreuz immer in deiner liebevollen Gegenwart sein und deinen Schutz erfahren kann. Amen.

Gedanke des Tages

Ich erkläre, dass der Herr meine Zuflucht und meine Festung ist, mein Zufluchtsort vor allen Gefahren und mein Ort der Hoffnung!

TAG 2

ERFAHRE SEINE GEGENWART

Ja, auch wenn ich durch das [tiefe, sonnenlose] Tal der Todesschatten wandere, werde ich mich vor keinem Unglück fürchten oder grauen, denn du bist bei mir; dein Stecken [um zu schützen] und dein Stab [um zu führen], die trösten mich.

PSALM 23,4 AMP

Mein lieber Leser, du kannst heute die Gegenwart Gottes in deinem Leben erfahren. Sage zu dir selbst: »Der Herr ist mit mir und ich habe seine Gunst, seine Segnungen und seinen Schutz.« Nimm wahr, wie sein Schatten dich bedeckt. Sein Schatten ist ein Bild für Nähe. Du versuchst nicht, an den Ort seines Schutzes zu gelangen; in Christus bist du *bereits* dort. Geborgen in Christus kannst du Gott gar nicht noch näher kommen. Gott zeigte sich Mose, dem großen Patriarchen, nur von hinten (siehe 2Mo 33,22–23). Das ist der alte Bund – weil der Mensch versagt hatte, entfernte Gott sich stets von ihm, und so bekamen die Kinder Israels immer nur seinen Rücken zu sehen.

Das Bild des neuen Bundes zeigt Gott, der seinen einzigen Sohn, Jesus Christus, sendet. Es ist das Bild des Vaters, der auf seinen verlorenen Sohn zuläuft, trotz der Fehler, die dieser gemacht hat. Unter dem neuen Bund sitzen wir in Christus neben unserem himmlischen Vater und können in seinem Gesicht ein Lächeln sehen! So nah bist du Gott heute. Wenn deine Gefühle dir heute also sagen, Gott sei eine Million Kilometer weit weg, dann lerne, seinen Worten mehr zu vertrauen als deinen Gefühlen. Du musst nur die Worte »Vater« oder »*Abba*« äußern, und augenblicklich wirst du spüren, dass er dir näher ist als dein eigener Atem.

Aber auch dann, wenn du seine Gegenwart nicht zu fühlen scheinst, kannst du ihm vertrauen. Vertrauen bedeutet nicht, dass dir nie mulmig zumute ist. Vertrauen bedeutet, dass du trotz eines flauen Gefühls im Magen auf Gottes Wort hin handelst. Wovor auch immer du zurückscheust, tu es trotz deiner Furcht und vertraue unterdessen auf den Herrn. Es gibt Menschen, die sich vor Dingen fürchten, wie das Haus zu verlassen, ein Flugzeug zu besteigen, eine neue Karriere anzustreben, neue Freundschaften zu schließen, sich freiwillig für einen Dienst zu melden, an christlichen Gruppentreffen teilzunehmen oder auch nur am nächsten Tag zur Arbeit zu gehen.

Lieber Freund, lass dein Leben nicht von Angst beherrschen. Wenn du darüber nachdenkst, irgendetwas in Angriff zu nehmen, dann solltest du dich auf jeden Fall vom Heiligen Geist leiten lassen, dir weisen Rat suchen, alles abwägen und deiner Situation entsprechend verantwortungsvolle Entscheidungen treffen. Nur lass nicht zu, dass das mulmige Gefühl in deinem Bauch dein Leben bestimmt. Wenn du zum Herrn sagst: »Auf dich vertraue ich«, bedeutet das nicht, dass du auch augenblicklich aufhörst, dich zu fürchten. Vertrauen bedeutet, sich trotz vorhandener Furcht dafür zu entscheiden, gemäß Gottes Wort zu handeln.

Gebet des Tages

Papa Gott, danke, dass ich zu dir kommen kann und »Abba« ausrufen darf und augenblicklich deine Gegenwart und deine Liebe zu mir spüren kann. Danke, dass selbst dann, wenn ich deine Gegenwart nicht fühle, ich dir vertrauen und von deinem Frieden und deiner Kraft zehren kann. Ich glaube, dass du immer bei mir bist und ich mich entscheiden kann, angesichts jeglicher Furcht auf dein Wort hin zu handeln. Amen.

Gedanke des Tages

Der Herr selbst hat gesagt: »Ich will dich nicht verlassen und nicht von dir weichen.« Also kann ich kühn sagen: »Der Herr ist mein Helfer, ich werde mich nicht fürchten« (Hebr 13,5–6 LUT).

TAG 3

GEHEIMNISSE DES SCHUTZES IN DEN NAMEN GOTTES

So wird der Herr für den Bedrückten zur Burg, zur Burg in Zeiten der Not. Darum vertraut dir, wer deinen Namen kennt; denn du, Herr, verlässt keinen, der dich sucht.

PSALM 9,10–11 EÜ

Im vorigen Abschnitt erwähnte ich, dass wir zwei der Namen Gottes im ersten Vers von Psalm 91 finden, und wie uns diese Namen Trost und Stärke spenden, wenn wir uns fürchten oder uns schwach fühlen. Jedem Namen Gottes ist eine göttliche Eigenschaft zugeordnet, und wenn wir verstehen und glauben, dass er jede dieser Eigenschaften verkörpert, werden diese Eigenschaften jeweils auch in unser Leben fließen. Der erste in Psalm 91 erwähnte Name Gottes ist »der Höchste« (*Eljon*), was bedeutet, er ist der höchste Gott und keiner ist höher als er. Er ist der Besitzer von Himmel und Erde (siehe 1Mo 14,19). Der Vers fährt fort, indem er Gott als den »Allmächtigen« bezeichnet. Im Hebräischen ist das *Schaddai* – der Gott, der dich mit mehr als genug segnet, mit mehr, als du fassen kannst. Der Mensch hat seine Grenzen, doch wir haben einen Gott, der weder Einschränkungen noch Begrenzungen unterliegt.

Der zweite Vers von Psalm 91 enthält zwei weitere Namen Gottes. Ist das nicht gewaltig? Wenn der Psalmist erklärt: »Ich werde über den Herrn sagen«, bezieht er sich damit auf *Jehova* oder *Jahwe*, den bündnishaltenden Gott.[4] Es ist der heiligste aller Namen Gottes und jüdische Schriftgelehrte behandeln diesen Namen mit großer Ehrfurcht.

Weißt du, dass der Name »Jesus«, oder *Jeschua* im Hebräischen, tatsächlich »*Jahwe* rettet«[5] bedeutet? Er bedeutet nicht »*Jahwe* richtet«. Nein, der Name *Jesu* lautet »*Jahwe* RETTET«. Wenn du pleite bist: *Jahwe* rettet. Wenn du krank bist: *Jahwe* rettet. Wenn du von Feinden verfolgt wirst: *Jahwe* rettet. Welche Art von Rettung du auch brauchst, Jesus ist die Antwort, denn sein Name bedeutet »*Jahwe* rettet«. Halleluja!

In Vers 2 fährt der Psalmist hiermit fort: »Mein Gott, auf ihn vertraue ich.« Das Wort »Gott« an dieser Stelle bezieht sich auf *Elohim* und bedeutet der mächtige Gott, der Schöpfer.[6] Der Gott, der Himmel und Erde erschaffen hat (siehe 1Mo 1,1). Dies ist unser Gott! Er ist es, auf den wir vertrauen.

In nur zwei Versen finden wir vier Namen Gottes. Zu wissen, zu glauben und zu sagen, dass er all dies für uns ist, gibt uns Schutz in jeder Situation unseres täglichen Lebens. Bevor der Psalm endet, sagt Gott selbst: »Ich will ihn schützen, denn er kennt meinen Namen« (Ps 91,14 EÜ). Wer seinen Namen kennt, den wird er retten und schützen. Halleluja!

Gebet des Tages

Abba, Vater, danke, dass du mir deine kostbaren Namen offenbarst. Danke, dass du ***Eljon****, der Höchste, bist;* ***Schaddai****, der Allmächtige;* ***Jahwe****, der Bündnis-haltende Gott; und* ***Elohim****, der mächtige Gott, der Schöpfer. Danke für den liebevollsten und mächtigsten Namen von allen –* ***Jesus****. Ich glaube, dass* ***Jesus*** *mein Herr ist und mein Retter in jeder Not, und ich setze mein Vertrauen auf ihn. Amen.*

Gebet des Tages

Gemäß dem Wort erkläre ich, dass mein Gott mich rettet: Wer im Schutz von ***Eljon*** *wohnt und ruht im Schatten von* ***Schaddai****, der sagt zu* ***Jahwe****: »Du bist für mich Zuflucht und Burg, mein* ***Elohim****, dem ich vertraue« (Ps 91,1–2).*

TAG 4

GLAUBE IN DEINEM HERZEN

Denn auch uns ist eine Heilsbotschaft verkündigt worden, gleichwie jenen; aber das Wort der Verkündigung hat jenen nicht geholfen, weil es bei den Hörern nicht mit dem Glauben verbunden war.

HEBRÄER 4,2

Jennifer aus Taiwan ließ mich an diesem kraftvollen Zeugnis teilhaben, das die Kraft zeigt, die darin liegt, Botschaften über Psalm 91 *aktiv zuzuhören.* Mit aktivem Zuhören meine ich, dass sie genau das tat, was der obige Vers beschreibt. Als sie die Verheißungen aus Psalm 91 hörte, verband sie das Gehörte mit ihrem Glauben, bis sie schließlich begann, ihrer Familie von diesem Psalm zu erzählen und die Kraft von Gottes Schutz über sie auszusprechen. Lies selbst, was sie schreibt:

> *Ich komme aus Taiwan, lebe aber in Singapur. Seit über einem Jahr besuche ich die New Creation Church. Als Pastor Prince im Jahr 2014 begann, ausführlich über Psalm 91 zu predigen, fing ich an, über diese Verse nachzudenken. Außerdem erzählte ich meiner Familie zu Hause in Kaohsiung, Taiwan, von diesem Psalm und sprach ihn über meine Familienangehörigen auch aus.*
>
> *Am 26. Juli desselben Jahres wurde mein Bruder Daniel in einen Autounfall verwickelt, bei dem er schwer verletzt wurde. Als meine Mutter anrief, um mir davon zu erzählen, lag er gerade bewusstlos in der Notaufnahme. Ich sagte ihr, Daniel werde es wieder gutgehen, weil der Herr versprochen hat, uns aus Be-*

drängnissen zu retten. Meine Mutter und ich nahmen stellvertretend für ihn das Abendmahl ein und beteten für ihn. Obwohl ich traurig war, spürte ich einen tiefen Frieden und machte mir keine Sorgen. Tatsächlich konnte ich in dieser Nacht sogar gut schlafen.

Am nächsten Tag, in der Gemeinde, setzte Pastor Prince seine Predigt über Psalm 91 fort. Nach dem Gottesdienst erhielt ich eine Textnachricht, die mich darüber informierte, dass mein Bruder das Bewusstsein wiedererlangt hatte und nun einigen Tests unterzogen wurde. Der behandelnde Arzt sagte, er habe »Glück« gehabt, mit dem Gesicht aufgeprallt zu sein. Obwohl er ziemlich schlimm aussah, waren sein Gehirn und alle seine inneren Organe unverletzt.

Als mein Bruder alle chirurgischen Eingriffe und Behandlungen hinter sich gebracht hatte, teilte das Krankenhaus meiner Mutter mit, er müsse sein Bett am nächsten Tag für Leute freimachen, die ernsthafter krank waren als er. Wir waren darüber sehr aufgebracht, weil er überall dicke Verbände trug und noch Schmerzen hatte. Letztendlich mussten wir uns aber fügen, weil tatsächlich eine Menge Leute auf dem Flur lagen und auf Hilfe warteten.

Also wurde mein Bruder nach Hause gebracht, wo meine Mutter und meine Schwester sich beim Verbandwechsel und anderen Pflegearbeiten abwechselten. Ich sagte meiner Mutter, Daniel werde wieder gesund, weil unser himmlischer Vater sich um ihn kümmern werde. Gemeinsam sprachen wir auch Psalm 91 aus.

Am nächsten Tag, am 31. Juli, rissen eine Reihe von Gasexplosionen die Straßen von Kaohsiung in einem Umkreis von drei Bezirken auf, darunter auch der Bezirk, in dem das Haus meiner Mutter steht. Ihr Haus blieb jedoch völlig unversehrt, da die Auswirkungen der Explosionen und die dadurch verursachten Schäden wenige Häuserblocks vor ihrem Zuhause haltgemacht hatten.

Das war wirklich ein Wunder, denn viele der Leute, die wir kennen, verloren ihr Zuhause und irrten die ganze Nacht umher, um dem Unglück zu entkommen. Es war ein einziges Chaos, da mehrere Explosionen und Feuerbälle die Straßen aufrissen und dabei Fahrzeuge in die Luft schleuderten. Überall schrien verzweifelte Menschen.

Gott war es zu verdanken, dass Daniel zur weiteren Genesung nach Hause geschickt worden war – so konnte meine Familie bei ihm sein, ohne dafür ins Krankenhaus zu müssen und dabei das ganze Chaos auf den Straßen zu erleben. Angesichts der vielen Verletzten bei der Explosion hätte Daniel im Krankenhaus wegen der hohen Patientenzahl ohnehin wenig Ruhe und Betreuung gehabt.

Mein Bruder hat übernatürliche Heilung erlebt und erholt sich nun sehr gut. Interessanterweise hat er eine rote, herzförmige Wunde am Bein. Mein Bruder sagt, statt an die ganzen Schmerzen und an die Angst während des Autounfalls erinnert zu werden, erinnere ihn die Wunde tagtäglich an die Liebe, Heilung und Wiederherstellung durch seinen himmlischen Vater.

Wir danken Gott für seinen übernatürlichen Schutz und seine Rettung. Er hat nicht nur Daniel von den Folgen seines Unfalls befreit, sondern auch meine ganze Familie vor den Gasexplosionen beschützt. Alles Mögliche hätte passieren können, aber der Herr kümmerte sich um alle diese Dinge. Wir danken Gott für seine Treue und für den Dienst von Pastor Prince.

Viele Menschen hörten, wie ich über das Gebet des Schutzes predigte, doch man kann erkennen, dass Jennifer sich diese Lehre wirklich zu eigen machte. Ich bete, dass du, während du die Worte in diesem Buch »hörst«, zum Leben erwachst und deinen Glauben mit den Verheißungen in Psalm 91 verbindest, so wie es Jennifer tat.

Überzeugung beginnt im Inneren. Glaube beginnt im Inneren. Wenn das Wort Gottes gepredigt wird, ist der Glaube die Hand, die nimmt. Glaube sagt: »Das gehört mir! Die Zusagen Gottes über seinen Schutz gehören *mir*!« Was im Inneren beginnt, wird dann im Äußeren bekräftigt – du fängst an, das Wort laut auszusprechen.

Gebet des Tages

Himmlischer Vater, danke, dass du mir zeigst, wie ich meinen Glauben mit den Verheißungen des Schutzes aus Psalm 91 verbinden kann. Danke, dass dein Geist in mir mich lebendig werden lässt, während ich deinem Wort aktiv zuhöre, darüber nachsinne und es über mich, meine Familie und auch über andere ausspreche. Glaube steigt in mir auf und ich erkläre kühn: »Die Verheißungen deines Schutzes gehören mir!« Amen.

Gedanke des Tages

Ich höre den Verheißungen aus Psalm 91 aktiv zu und verbinde sie mit meinem Glauben. Im Glauben erkläre ich, dass die Verheißungen von Gottes Schutz ***mir*** *gehören!*

TAG 5

SPRICH IM GLAUBEN AUS

»Weil wir aber denselben Geist des Glaubens haben, gemäß dem, was geschrieben steht: ›Ich habe ***geglaubt****, darum habe ich* ***geredet****‹, so* ***glauben*** *auch wir, und darum* ***reden*** *wir auch«*

2. Korinther 4,13

Nachdem du gelesen hast, was ich über das Aussprechen von Gottes Verheißungen des Schutzes über dich selbst und deine Familie gesagt habe, magst du vielleicht fragen: *»Aber Pastor Prince, kann ich Gottes Wort nicht einfach in meinem Herzen glauben? Warum muss ich es auch noch laut aussprechen?«*

Lass mich dir einige Schriftstellen über das Glauben und Sprechen zeigen, die dir helfen werden. Römer 10,9 sagt uns: »Denn wenn du mit deinem Mund Jesus als den Herrn *bekennst* und in deinem Herzen *glaubst*, dass Gott ihn aus den Toten auferweckt hat, so wirst du gerettet.« Und unser Herr Jesus sagte: »Wenn jemand zu diesem Berg *spricht*: Hebe dich und wirf dich ins Meer!, und in seinem Herzen nicht zweifelt, sondern *glaubt*, dass das, was er *sagt*, geschieht, so wird ihm zuteilwerden, was immer er *sagt*« (Mk 11,23).

Nun lies nochmals, was Apostel Paulus im heutigen Vers schrieb. Erkennst du hier ein Muster? Glaube umfasst sowohl die *Überzeugung* deines Herzens als auch das *Sprechen* mit deinem Mund. Du und ich, wir sind beide nach dem Bild Gottes geschaffen. Als Gott anfangs die Finsternis sah, sagte er nicht: »Du meine Güte, hier ist es aber dunkel.« Was tat Gott stattdessen? Er sagte: »Es werde Licht« (1Mo 1,3). Im Neuen Testament *sprach* unser Herr Jesus zu dem Sturm und dieser legte sich. Er *sprach* zu dem Feigenbaum, der daraufhin verdorrte. Er *sprach* zu den Dämonen und sie flohen. Er *sprach* zu den Kranken und sie wurden geheilt. Er *sprach* zu den Toten und sie wurden lebendig.

Gleicherweise sollten wir nicht das Problem ansehen und verzweifeln, wenn wir in irgendeinem Bereich unseres Lebens mit Finsternis konfrontiert werden oder in einem Sturm von Herausforderungen gefangen sind. Wir sollten herbeirufen, was wir sehen wollen. Wenn wir in eine gefährliche Situation geraten, sollten wir erklären: »Der Herr ist meine Zuflucht und meine Festung.« Wenn in unserem Körper eine Krankheit ist, können wir unsere Heilung hervorrufen, indem wir sagen: »Danke, Jesus, durch deine Wunden bin ich geheilt.« Fang noch heute damit an, deinen Schutz, deine Gesundheit und deinen Sieg hervorzurufen!

Gebet des Tages

Vater Gott, ich danke dir, dass es bei meinem Schutz, meiner Gesundheit und meinem Sieg allein darum geht, das Richtige zu glauben und dein Wort in meine Situationen hinein zu sprechen. Hilf mir, meinen Mund zu öffnen und Worte zu sprechen, die meinen Glauben und deine Kraft in diesen Situationen freisetzen. Ich glaube, dass ich nach deinem Bild geschaffen bin. Und so, wie du das Licht ins Dasein gerufen hast, kann auch ich hervorrufen, was ich sehen möchte, und unter dem Schutz und in dem Sieg leben, den mein Herr Jesus für mich erworben hat. Amen.

Gedanke des Tages

Ich werde Gottes Wort sprechen, denn dieses hat die Macht, mein Leben und meine Situationen zu verändern.

TAG 6

PSALM 91 ZU BETEN UND AUSZUSPRECHEN BIRGT KRAFT

Genauso ist es mit dem Wort, das ich spreche: Es kehrt nicht unverrichteter Dinge zu mir zurück, sondern bewirkt, was ich will, und führt aus, was ich ihm auftrage.

JESAJA 55,11 GNB

Ich möchte dich nun mit einem weiteren Zeugnis ermutigen – über die Kraft, die darin liegt, Psalm 91 zu beten und über unsere Familie auszusprechen. Brenda aus dem US-Bundesstaat Connecticut hat Folgendes geschrieben:

Lee, mein 24-jähriger Sohn, wurde von einem Taxi angefahren, als er in New York an einem Fußgängerübergang die Straße überquerte. Er wurde am Bein erfasst und auf die Motorhaube geschleudert, bevor er auf der Straße landete. Wunderbarerweise ging es ihm nach dem Unfall gut! Er hatte keinen einzigen Knochenbruch oder Bluterguss, noch nicht einmal einen Kratzer.

Ich erinnere mich noch, dass wir nur wenige Tage vor dem Unfall gemeinsam ein wundervolles Erntedankfest feierten. Plötzlich sah ich vor meinem inneren Auge ein Bild von Lee, wie er tot auf einer Bahre in einer Leichenhalle liegt. Ich schüttelte dieses Bild sofort wieder ab, erklärte, dass mein Sohn leben und nicht sterben würde, und rühmte das Blut Jesu über ihn.

Ich erzählte niemandem, was ich gesehen hatte, stattdessen dankte ich einfach Gott im Namen Jesu für die Bewahrung mei-

nes Sohnes und aller meiner Familienangehörigen. Am Morgen vor Lees Unfall hatte ich das Gefühl, ich solle für meine Kinder auch noch um Gottes Schutz vor Autounfällen beten, was ich für gewöhnlich nicht tue.

Später, am Nachmittag, erhielt ich von Lee eine Textnachricht, in der er mich über den Unfall informierte und mir mitteilte, dass es ihm gutgehe und er unverletzt sei. Nachdem ich erfahren hatte, dass es meinem Sohn gutging, ging ich auf die Knie und dankte unter Freudentränen meinem wunderbaren Vater-Gott! Ich bin so dankbar, dass mich der Heilige Geist warnte, bevor der Unfall passierte, und ich so für Lees Bewahrung beten konnte.

Mein Sohn war gerade erst mit einer fantastischen Position in seiner Firma betraut worden und wir freuten uns alle mit ihm über seinen wundervollen neuen Titel und darüber, wie Gott ihm Türen der Gunst geöffnet hatte. Der Unfall passierte nur einen Tag, bevor er seine neue Stelle hätte antreten sollen.

Zu dem Zeitpunkt, als ich von Lees Unfall erfuhr, hörte ich gerade der Predigt von Joseph Prince über Psalm 91 zu. Ich habe diesen Psalm früher immer über meine Familie gebetet, aber mit den Jahren vergaß ich diesen mächtig wirkenden Psalm. Ich danke Joseph Prince dafür, dass er mich an die Kraft von Psalm 91 erinnert hat. Wenn wir das Wort Gottes über unsere Kinder oder jegliche Situation beten, setzen wir damit seine Engel dazu frei, sich wirksam für uns einzusetzen.

Unser Gott ist so ein guter Gott, nicht wahr? Ich vertraue darauf, dass du zu erkennen beginnst, wie wichtig es ist, deine Zeit darin zu investieren, dein Herz mit seinem lebendigen und kraftvollen Wort zu füllen, es über dich selbst und über die, die du liebst, zu beten und es laut auszusprechen.

Gebet des Tages

Vater, danke, dass ich aufgrund des Blutes deines Sohnes Jesu mit deiner Gerechtigkeit bekleidet bin und dass der Feind besiegt worden ist. Ich möchte, dass dein Wort tief in mein Herz eindringt und es in guten und in schlechten Zeiten beschützt. Hilf mir, dein Wort des göttlichen Schutzes über alle Situationen meines Lebens auszusprechen. Ich glaube, dass du mich und meine Familie über jeden Angriff und über alles, das sich uns in den Weg stellt, herrschen lassen wirst. Amen.

Gedanke des Tages

Ich herrsche im Leben über den Feind
durch das Blut des Lammes Gottes und
die Kraft des gesprochenen Wortes Gottes.

TAG 7

ERRICHTE EINEN SCHUTZSCHILD DES GLAUBENS

Jedes Wort Gottes ist im Feuer geläutert.
Ein Schild ist er denen, die bei ihm Zuflucht suchen.
SPRÜCHE 30,5 ZÜB

In der letzten Andacht lasen wir, dass Brenda sich aktiv mit den Verheißungen über Gottes Schutz füllte. Als der Herr ihr eine Vision von der Gefahr gab, in der sich ihr Sohn befand, war ihr Herz bereits voller Glauben (nicht Furcht) und sie *sprach* sich mit Vollmacht gegen das Böse aus, das sich ihrem Sohn entgegenstellte. Als sie vom Unfall ihres Sohnes erfuhr, hörte sie gerade einer Predigt über Psalm 91 zu. Zufall? Ich denke nicht. Sie war bereits dabei, einen Schutzschild des Glaubens um ihr Herz herum aufzurichten. Glaube kommt aus dem Hören, das Hören aber aus dem Wort Christi (siehe Röm 10,17).

Was hörst du heute? Das Wort der Welt? Das Wort der Wall Street? Oder das Wort Christi?

Ich möchte dich heute dazu ermutigen, einen Schutzschild des Glaubens um deine Familie herum zu errichten. Höre, glaube, sprich. Kannst du das gemeinsam mit mir sagen? Höre, glaube, sprich. Höre dir auf Christus bezogene Botschaften an, glaube dem Wort Gottes und sprich die Verheißungen, die du in deinem Leben erfüllt sehen möchtest, laut aus. Ich glaube, der Herr möchte diese Wahrheit heute in deinem Herzen versiegeln. Sprich das Folgende gemeinsam mit mir laut aus:

Herr Jesus, du bist für mich und meine Familie die Zuflucht, du bist unsere Festung und unser Gott – auf dich vertrauen wir. Wir vertrauen nicht auf unsere eigene Weisheit, unsere eigene begrenzte Intelligenz oder unsere eigenen Fähigkeiten. Wir vertrauen auf dich. Wir vertrauen auf deine Gnade und deine Liebe zu uns. Wir vertrauen darauf, dass du uns an jedem Tag unseres Lebens in deiner göttlichen Gesundheit und Kraft erhältst. Wir vertrauen darauf, dass du uns beschützt – vor Terror, Angst, Gefahren, Krankheiten und Unfällen. Dir vertrauen wir. Amen.

Gebet des Tages

Abba, Vater, danke, dass du mir deinen Glauben als mächtigen Schild gegeben hast, mit dem ich alles überwinden kann, ganz gleich, womit der Feind mich angreift. Danke für das kostbare Wort Christi, das ich glauben und mit dem ich erklären kann, dass ich erleben werde, wie deine Verheißungen in meinem Leben sichtbar werden. Im Glauben spreche ich aus, dass ich den Sieg über jeden einzelnen Angriff des Feindes bereits habe. Amen.

Gedanke des Tages

Heute stehe ich auf der unerschütterlichen Grundlage des Wortes Christi und spreche die Verheißungen Gottes aus. Keine Seuche, kein Tod, kein Unheil und nichts Böses dürfen sich mir nähern, weil mein Herr Jesus die volle Strafe für meine Sünden und dafür, dass ich seinen göttlichen Schutz empfangen kann, bezahlt hat.

ABSCHNITT 3

ZUR RICHTIGEN ZEIT AM RICHTIGEN ORT

Ja, er wird dich retten
vor der Schlinge des Vogelstellers
und vor der verderblichen Pest.
PSALM 91,3

TAG 1

WIR SIND IN DIESER WELT, ABER NICHT VON DIESER WELT

Ja, er wird dich retten vor der Schlinge des Vogelstellers und vor der verderblichen Pest.

PSALM 91,3

Ja, er wird dich retten wie einen Vogel aus der Schlinge des Vogelfängers. Nicht »vielleicht« oder »manchmal«, sondern ein uneingeschränktes »Ja«. Kein bedingtes »Er rettet dich *möglicherweise*«, sondern ein definitives »Er *wird dich retten*«. Welch eine gesegnete Gewissheit haben wir doch, dass unser Gott uns aus der Schlinge des Vogelfängers retten *wird*!

Die Bibel verbildlicht den Teufel als Vogelfänger. Ein Vogelfänger ist jemand, der sich das Fangen von Vögeln zum Beruf gemacht hat. Er legt Schlingen und Netze aus, die er sorgfältig tarnt, damit er arglose Vögel in diese Fallen locken kann. Die Bibel bezeichnet den Teufel auch als Dieb und Mörder, der kommt, um zu stehlen, zu töten und zu verderben (siehe Joh 10,10).

Wir müssen verstehen, dass die Welt, in der wir leben, eine gefallene Welt ist. Adam beging Hochverrat und übergab die Schlüssel zu dieser Welt an den Teufel. Aufgrund dessen, was Adam tat, ist der Teufel der Herrscher dieser Welt. Der Apostel Paulus nennt ihn »den Fürsten, der in der Luft herrscht« (Eph 2,2). Solange der Teufel noch Herrscher der Welt ist, wird die Welt weiterhin immer finsterer werden und es wird auch in Zukunft noch Unfälle, Krankheiten, Katastrophen, Tragödien und Todesfälle geben.

Doch wir können uns an dem Wissen freuen, dass der Anspruch des Teufels auf diese Welt rasch seinem Ende zugeht. Apostel Paulus sagt uns auch, dass unser Herr Jesus zurückkommt und alle seine Feinde gedemütigt und seinen Füßen unterworfen werden, mit dem Tod als letztem Feind, der beseitigt wird (siehe 1Kor 15,26).

Unterdessen werden wir sehen, wie die Welt immer finsterer wird. Doch als Gläubige brauchen wir nicht in Furcht zu leben. Wir vertrauen unserem Herrn Jesus. Wir sind *in* dieser Welt, aber nicht *von* dieser Welt (siehe Joh 17,16). Es gibt einen sehr realen und aktiven Vogelfänger, der Schlingen und Netze auslegt. Selbst während ich dieses Buch schreibe, lese und höre ich Berichte von Bombenexplosionen, Schießereien, dem Absturz eines Passagierflugzeugs und Seuchenausbrüchen in verschiedenen Teilen der Welt.

Rein menschlich gesehen kann so etwas sehr entmutigend sein. Doch vergiss nicht, dass wir einen Retter haben, der noch viel realer ist, und er hat versprochen, uns aus dem Netz des Vogelfängers und vor der tödlichen Pest (gefährlichen Krankheiten und Viren) zu retten. Wir müssen den Herrn in unser tägliches Leben einbeziehen. Nur *er* kann uns retten und beschützen!

Gebet des Tages

Vater Gott, danke, dass ich nie in Furcht leben muss, da ich dem Herrn Jesus vertraue. Ich danke dir, dass ich zwar ***in*** *dieser Welt, aber nicht* ***von*** *dieser Welt bin und dass der Feind keine Macht über mich hat. Ich freue mich darüber, dass ich nicht in Furcht lebe, denn du wirst mich aus der Schlinge des Vogelfängers und vor jeder verderblichen Pest retten. Amen.*

Gedanke des Tages

Obwohl ich in dieser Welt bin, bin ich nicht von dieser Welt. Ich vertraue dem Herrn Jesus, der mich aus jeder Schlinge des Vogelfängers rettet und vor jeder verderblichen Pest.

TAG 2

ZUR RICHTIGEN ZEIT AM RICHTIGEN ORT

Ferner sah ich unter der Sonne,
dass nicht die Schnellen den Lauf gewinnen
und nicht die Helden den Krieg
und auch nicht die Weisen das Brot
und auch nicht die Verständigen den Reichtum
und auch nicht die Kenntnisreichen die Beliebtheit,
sondern Zeit und Geschick trifft sie alle.
Denn auch kennt der Mensch seine Zeit nicht.
Wie die Fische, die gefangen werden im verderblichen Netz,
und wie die Vögel, die in der Falle gefangen werden,
wie sie werden die Menschenkinder verstrickt zur Zeit des Unglücks, wenn es plötzlich über sie fällt.

PREDIGER 9,11–12 ELB

Ich möchte dir obige Schriftstelle zeigen, wo, wie schon in der gestrigen Andacht, von der Schlinge des Vogelfängers die Rede ist. Um Schriftstellen auszulegen, ist es manchmal am besten, den Heiligen Geist um Weisheit und Offenbarung zu bitten, nach wiederkehrenden Themen in der Bibel zu suchen, und die Bibel sich selbst auslegen zu lassen. Was ich damit sagen will: Hier wartet eine mächtige Wahrheit darauf, entschlüsselt zu werden. Die Andachtstexte bauen aufeinander auf, weshalb ich dir empfehle, zurückzublättern und deine Erkenntnisse über die vorangegangenen Lehreinheiten täglich aufzufrischen.

Wir haben Psalm 91,1 und Prediger 9,11 gelesen. Ist dir aufgefallen, dass die Zahl 911 in beiden Schriftstellen vorkommt? Die Zahl 911 ist sehr bedeutsam für unsere Zeit. Es ist eine Zahl, die den bis dato größtangelegten Terroranschlag auf amerikanischem Boden kennzeichnet – den 11. September (im Amerikanischen 9/11). Uns wurde an jenem Tag das Herz gebrochen, die Welt veränderte sich und wir werden nie vergessen, was damals geschah. Obwohl ich weiß, dass die Kapitel- und Verseinteilungen nicht göttlich inspiriert sind, ist es doch meine persönliche Ansicht, dass das Gebet des Schutzes in Psalm 91 die Zeit, in der wir leben, kennzeichnet und uns einen glasklaren Grund gibt, warum wir *nicht* in Angst und Furcht leben müssen.

In Prediger 9 teilt uns König Salomo mit, dass der Gewinner des Laufs nicht unbedingt immer der Schnellste, und die Person, die den Krieg gewinnt, auch nicht zwangsläufig die heldenhafteste ist. Er hebt hervor, dass verständige Menschen nicht die einzigen sind, die Reichtum erlangen. Und die Kenntnisreichen sind auch nicht unbedingt immer beliebt. Und dann sagt er Folgendes: »Sondern Zeit und Geschick trifft sie alle.«

Salomo fährt fort und spricht über die, die »wie Fische in einem verderblichen Netz gefangen werden« oder »wie Vögel in einer Falle«. (Beachte, dass er dies über die »Söhne der Menschen« und nicht über die »Söhne Gottes« sagt. Als Gläubige sind wir Söhne und Töchter Gottes.) Es gibt daher zwei Kategorien von Menschen – solche, die gesegnet werden, weil sie zur richtigen Zeit am richtigen Ort sind, und jene, die von den bösen Zeiten überrumpelt werden und sich zur falschen Zeit am falschen Ort wiederfinden. Ich weiß nicht, wie es dir geht, aber ich weiß ganz genau, zu welcher Kategorie ich gehören will!

Als ein Sohn oder eine Tochter Gottes sei versichert, dass der Segen, zur richtigen Zeit am richtigen Ort platziert zu werden, dank unseres Herrn Jesus dir gehört! Trotz der gefährlichen Zeiten, in denen wir leben, kannst du erwarten, von ihm beschützt und aus jeder Falle des Feindes gerettet zu werden.

Gebet des Tages

Himmlischer Vater, danke, dass weder die Schnellen den Lauf entscheiden, noch die Helden den Krieg gewinnen oder den Kenntnisreichen die Gunst gehört. Du hast es mir ermöglicht, zur richtigen Zeit am richtigen Ort zu sein. Ich erkläre, dass ich durch das vollbrachte Werk Jesu gesegnet bin, sodass ich nicht von bösen Zeiten überrumpelt werde oder mich zur falschen Zeit am falschen Ort wiederfinde. Amen.

Gedanke des Tages

Als ein Kind des höchsten Gottes bin ich damit gesegnet, zur richtigen Zeit am richtigen Ort zu sein.

TAG 3

ZEIT UND GESCHICK

Nicht die Schnellen [gewinnen] den Lauf und nicht die Helden den Krieg und auch nicht die Weisen das Brot und auch nicht die Verständigen den Reichtum und auch nicht die Kenntnisreichen die Beliebtheit, sondern Zeit und Geschick trifft sie alle.

PREDIGER 9,11 ELB

Ich möchte, dass du weißt, wie du »Zeit und Geschick« auf die gleiche Weise erleben kannst wie die erste Kategorie von Menschen, von der ich zuvor sprach. Lass mich dir zeigen, was der hebräische Bibeltext darüber sagt, wie das für uns zur Realität werden kann.

Das hebräische Wort für »Zeit« ist das Wort *'et*, und es bezeichnet einen Zeitpunkt oder Zeitraum.[7] Die hebräischen Wörter für »Geschick trifft« sind *päga qarah*. Zusammen mit *'et* beschreiben sie etwas, das nichts mit zufälligen Ereignissen zu tun hat, sondern mit den »richtigen Ereignissen«, die *der Herr arrangiert*. In manchen Bibelübersetzungen ist das Wort »Geschick« leider mit »Zufall« übersetzt, was fälschlicherweise den Eindruck vermittelt, es handele sich um zufällige Ereignisse, bei denen man einfach »Glück« hat.

Wenn du die Herkunft des Wortes *päga* in der Bibel studierst, wirst du feststellen, dass es von dem Wort *paga* kommt, das »für jemanden Fürsprache einlegen oder Fürbitte tun«[8] bedeutet. An dieser Stelle möchte ich dich mit einem Prinzip der Bibelinterpretation bekannt machen, das man als das Gesetz der ersten Erwähnung bezeichnet. Wenn du ein Wort studierst, dann sieh nach, wo in der Bibel es zum ersten Mal auftaucht. Die Stelle, an der ein Wort in der Bibel zum ersten Mal erwähnt wird, enthält viel geistliche Wahrheit und hat eine wichtige Bedeutung.

Wenden wir dieses Prinzip auf das Wort *paga* an, sehen wir, dass es in der Bibel zum ersten Mal in 1. Mose 23,8 (ELB) vorkommt, wo es »Fürsprache« bedeutet. Dasselbe Wort kommt auch in Jesaja 53,12 (ELB) vor, wo es heißt, der Herr habe »für die Verbrecher **Fürbitte** getan«.

Das andere hebräische Wort, *qarah*, wird in der Bibel oftmals benutzt, um von Gott bestimmte Ereignisse zu beschreiben. »Geschick trifft« sollte also genauer mit »erbetete Gelegenheiten« oder »erbetete Ereignisse« übersetzt werden. Wenn man hier *'et* und *päga qarah* miteinander kombiniert, bezeichnet die so entstandene Wortfolge »Ereignisse zur richtigen Zeit am richtigen Ort« oder »zur richtigen Zeit am richtigen Ort zu sein und dort, als Ergebnis von Gebet, das Richtige zu tun«. Diesen Segen möchte ich haben, du nicht auch?

Gebet des Tages

Vater, danke, dass mein Leben nicht zufälligen Ereignissen unterworfen ist, die andere oft als Glück oder Schicksal bezeichnen. Danke, dass du die Geschehnisse in meinem Leben dirigierst, wenn ich bei dir Hilfe suche, mich auf dich verlasse und an dem verborgenen Ort deines Schutzes lebe. Ich glaube, dass die Ereignisse in meinem Leben, bei denen ich zur richtigen Zeit am richtigen Ort bin, deiner göttlichen Planung und Positionierung entspringen. Amen.

Gedanke des Tages

Ich glaube, dass ich als Ergebnis meines Gebets und weil ich mich auf meinen Herrn Jesus verlasse, Ereignisse erleben werde, bei denen ich zur richtigen Zeit am richtigen Ort bin.

TAG 4

DER HEILIGE GEIST LEITET UNS DURCH FRIEDEN

Und die Taube kam ***zur Abendzeit*** *wieder zu ihm, und siehe, sie hatte ein frisches Ölbaumblatt in ihrem Schnabel! Da erkannte Noah, dass das Wasser sich verlaufen hatte auf der Erde.*

1. MOSE 8,11 LUT

Aufbauend auf die gestrige Andacht, schauen wir uns an, wo *'et* in der Bibel zum ersten Mal vorkommt. Dieses Wort taucht zum ersten Mal in obigem Vers in der Formulierung »zur Abendzeit« auf. Was siehst du hier? Die erste Erwähnung des richtigen Timings steht im Zusammenhang mit der Taube – die ein Bild für den Heiligen Geist ist. Der Heilige Geist ist derjenige, der dich leiten kann, damit du zur richtigen Zeit am richtigen Ort bist.

Aber achte auch darauf, was die Taube im Schnabel hat – ein Olivenbaumblatt. Als die Flut zu Noahs Zeiten endete, sandte Gott durch die Taube, die ein Blatt im Schnabel trug, die Botschaft, dass es eine solche weltweite Überflutung und Zerstörung nicht mehr geben werde (siehe 1Mo 9,15). Es war eine Friedensbotschaft an die Menschen. Was sagt uns das? Es sagt uns, dass die Botschaft, die der Heilige Geist bringt, eine Botschaft des Friedens ist.

Mein Freund, der Heilige Geist leitet uns auf der Wellenlänge des Friedens. Manchmal, wenn du im Begriff bist, etwas zu tun, wie etwa einen Vertrag zu unterzeichnen, einen Urlaub zu planen oder an irgendeiner Aktivität teilzunehmen, empfindest du vielleicht einen

Mangel an Frieden. Wenn das passiert, halte bitte inne und nimm dir Zeit, über das, was du vorhast, zu beten, denn der Heilige Geist spricht durch den Frieden, den er uns gibt (oder durch dessen Nichtvorhandensein). Er spricht zu uns nicht durch Nörgeln oder durch Anschuldigungen. Er leitet uns durch Frieden. Wenn in deinem Herzen kein Friede vorhanden ist, ist es an der Zeit, deine Entscheidung zu überdenken und auf seine Führung zu hören.

In dem ersten Vorkommen des Wortes *'et* verbirgt sich eine weitere wunderbare Wahrheit. *'Et* kommt in der Formulierung »zur Abendzeit« nicht nur in 1. Mose 8,11 vor, sondern auch an anderen Stellen der Bibel (siehe 1Mo 24,11; Jos 10,27). Als ich es studierte, erkannte ich, dass die Abendzeit die Zeit war, in der unser Herr Jesus am Kreuz sein Werk vollbrachte.

Die Priester des Alten Testaments führten täglich zwei Opfer aus, eines am Morgen um 9 Uhr, das andere um 15 Uhr als Abendopfer. Jesus wurde um 9 Uhr gekreuzigt und starb um 15 Uhr und erfüllte so die Schattenbilder beider Opfer, sowohl des Morgenopfers als auch des Abendopfers. Zur Zeit des Abendopfers war das volle Urteil auf den Körper Jesu niedergegangen. Die Fluten von Gottes Gericht endeten mit dem Opfer Christi. Der Heilige Geist kommt zu dir und spricht Worte des Friedens, indem er dir sagt, dass es zwischen dir und Gott nun keine Feindschaft mehr gibt, weil das Gericht vorüber ist. Du bist nicht perfekt, aber du hast Frieden mit Gott, und du kannst ihn in allem, was du tust, um gutes Gelingen bitten, weil deine Sünden im Körper von Christus gerichtet wurden!

Gebet des Tages

Herr Jesus, danke, dass du Gottes ganzes Gericht am Kreuz auf dich selbst genommen hast. Durch dein vollkommenes Opfer habe ich Frieden mit Gott. Danke, dass der Heilige Geist gekommen ist und mich mit seinem Frieden leiten wird, damit ich zur richtigen Zeit am richtigen Ort bin. Hilf mir, immer seine Stimme zu hören und auf seine Führung zu achten. Amen.

Gedanke des Tages

Aufgrund von Jesu vollbrachtem Werk am Kreuz habe ich Frieden mit Gott, und ich habe Frieden im Herzen, wenn ich auf den Heiligen Geist höre und seiner Führung folge.

TAG 5

BETE FÜR DIE RICHTIGEN EREIGNISSE

Das Gebet eines gerechten Menschen hat große Macht und kann viel bewirken.
JAKOBUS 5,16 NLB

An Tag 3 in diesem Abschnitt zeigte ich dir, dass das Wort *qarah* in der Bibel oft verwendet wird, um gottgewollte Ereignisse zu beschreiben. Zum ersten Mal wird *qarah* in 1. Mose 24,12 erwähnt, als Abraham seinen Diener losschickt, um für seinen Sohn Isaak eine Braut zu finden. Der Diener wusste nicht, welches Mädchen das richtige sein würde, also *betete* er: »O Herr, du Gott meines Herrn Abraham, lass es mir doch heute gelingen und erweise Gnade an meinem Herrn Abraham!« Die Formulierung »lass es mir doch heute gelingen« ist das Wort *qarah*. Der Diener bat Gott, ihm *qarah* zu geben – das **richtige Ereignis**. Erinnert dich das nicht an das, was ich an Tag 3 über *päga qarah* als »erbetete Ereignisse« gesagt habe? Wenn du die Geschichte weiter verfolgst, erfährst du, dass Abrahams Diener seine Aufgabe erfolgreich ausführte.

Ich möchte dich an dieser Stelle auf die Haltung des Dieners aufmerksam machen. Er betete um Gottes Hilfe, um sein Eingreifen und seine Führung. Er nahm eine Haltung der Demut ein. Wir alle brauchen den Herrn in unserem Alltag. Wir mögen noch so intelligent sein, trotzdem können wir uns nicht ausnahmslos immer zur richtigen Zeit am richtigen Ort positionieren. Nur der Herr kann das für uns tun. Wenn wir uns demütigen, um ihn zu hören, wird er uns führen und beschützen. Die Bibel sagt: »Er unterweist die Demütigen in dem, was gut und richtig ist, ja, gerade ihnen zeigt er seinen Weg« (Ps 25,9 NEÜ). Es ist wichtig, dass wir »bescheiden« bleiben und uns auf den Herrn verlassen, wenn es um Weisheit, Führung und Verständnis geht. Wenn wir beten, nehmen wir damit eine Haltung der Demut ein (die Hochmütigen beten nicht). Auf diese Weise sagen wir zu Gott: »Vater, ich kann nicht, aber du kannst.«

Vor einigen Jahren erzählte eine Frau, die regelmäßig unsere Gemeinde besucht, wie sie auf einer ihrer Auslandsreisen einmal so sehr in ihre stille Zeit mit dem Herrn vertieft war, dass sie die Frühstückszeit des Hotels, in dem sie übernachtete, verpasste. Doch während sie sich in ihrem Zimmer aufhielt, wurde im Hotelrestaurant ein furchtbarer Terroranschlag verübt. Sie saß unter dem Schutz des Allerhöchsten und wurde auf übernatürliche Weise dazu bewegt, an diesem Morgen länger als sonst in seiner Gegenwart zu verweilen. Sie gab ihrer Zeit mit dem Herrn den Vorrang vor der für ihr Frühstück vorgesehenen Zeit. Hätte sie nicht das Zeitgefühl verloren und wäre stattdessen hinuntergegangen, um zu frühstücken, hätte sie sich zur falschen Zeit am falschen Ort befunden.

Deshalb nenne ich Psalm 91 gerne das *Gebet des Schutzes*. Wenn wir dieses Gebet sprechen, sagen wir damit: »Herr Jesus, wir können uns selbst nicht schützen, aber du kannst es. Wir demütigen uns vor dir. Sei du unsere Zuflucht, unsere Festung und unser Gott. Ja, du wirst uns schützen und uns aus allem Unheil retten in diesen gefährlichen Zeiten. Führe uns zur richtigen Zeit an den richtigen Ort und zu den richtigen Menschen.«

Gebet des Tages

Vater im Himmel, ich demütige mich vor dir und stimme zu, dass ich deine Weisheit, Führung und Erkenntnis brauche. Ich selbst kann mich oder meine Familie in diesen gefährlichen Zeiten nicht vor jeder Gefahr schützen, aber du kannst es. Ich bitte dich, uns immer so zu führen, dass wir zur richtigen Zeit am richtigen Ort sind. Ich erkläre, dass du meine Zuflucht, meine Festung und mein Gott bist. Amen.

Gedanke des Tages

Ich selbst kann mich nicht immer zur richtigen Zeit an den richtigen Ort bringen, aber Gott kann es. Ich demütige mich vor ihm und verlasse mich auf ihn im Hinblick auf Weisheit und richtiges Timing in allem, was ich tue.

TAG 6

WEDER VERSEHENTLICH NOCH ZUFÄLLIG

*»Dabei **fügte es sich** so, dass sie auf ein Feld geriet, das Boas gehörte ...«*
RUT 2,3 NLB

In der gestrigen Andacht schauten wir uns an, wo das Wort *qarah* in der Bibel zum ersten Mal verwendet wird. Ein weiteres Mal ist das Wort *qarah* im Buch Rut zu finden, wo es heißt: »Dabei **fügte es sich** so, dass sie auf ein Feld geriet, das Boas *gehörte*« (Rut 2,3 NLB). Mir gefällt die Formulierung der *King James Version*: »und ihr **Glück** war es, auf einem Feld zu **landen**, das Boas *gehörte*.« Das hebräische Wort für »landen« ist an dieser Stelle *qarah*, und »Glück« ist *miqräh*, das von *qarah* abgeleitet ist.[9] Im Deutschen stammt das Wort »Glück« von dem Wort »gelingen«, welches wiederum mit »leicht« verwandt ist. Glück zu haben bedeutet also, etwas leicht – ohne Mühe – erreicht zu haben.

Ich weiß nicht, wie oft ich Zeugnisse von Menschen gehört habe, in denen sie erzählten, wie sie *zufällig* einen Freund trafen, dem sie dienen konnten, als sich im Gespräch herausstellte, dass er gerade eine persönliche Krise durchlebt. Ich habe auch Zeugnisse von Leuten über *zufällige* Zeitverzögerungen oder *zufällige* Planänderungen gehört, die dazu führten, dass sie vor Gefahren bewahrt blieben. Mein Freund, nichts davon ist Zufall. Es war der Herr, der ihnen *'et* und *qarah* gab – er positionierte sie zur richtigen Zeit am richtigen Ort!

Dies zeigt sich auch in dem Zeugnis von Sandy, die in Singapur lebt:

Wenn ich mit dem Auto irgendwohin fahre, achte ich immer darauf, dass ich vorher um Schutz bete. Am 31. März betete ich wie gewohnt, bevor ich mich auf den Weg in die Stadt machte.

Ich steckte in dichtem Verkehr fest und die Fahrzeuge bewegten sich nur zentimeterweise vorwärts. Wie auch viele andere Autofahrer wurde ich ungeduldig und war enttäuscht, dass die Ampel auf Rot umschaltete, als ich gerade die Kreuzung erreichte. Dann hörte ich ein ungewohntes Geräusch, eine Art Krachen, und war geschockt, als plötzlich ein riesiger, etwa dreißig Meter hoher alter Baum direkt vor meinen Augen auf die Fahrbahn stürzte und das Dach des Fahrzeugs vor mir traf. Dabei drückte der Baum eine riesige Delle in das Fahrzeugdach und zertrümmerte die Heckscheibe.

Dank Gottes Gnade stieg der Fahrer unverletzt aus. Natürlich war ich Gott sehr dankbar, als mir klar wurde, dass er mich zur richtigen Zeit am richtigen Ort hatte sein lassen, sodass ich nicht verletzt wurde.

Ich danke Jesus von ganzem Herzen für seinen göttlichen Schutz. Ohne die Schwingen seines Schutzes über mir wäre ich heute vielleicht nicht einmal mehr am Leben. Ich danke dir, Jesus!

Selbst bei so etwas Gewöhnlichem wie Autofahren, was viele von uns tagtäglich tun, ist es wichtig, vor jeder Fahrt um den Schutz des Herrn zu beten. Vertrauen wir nicht auf unsere Erfahrung, unser Können oder unsere begrenzte Fähigkeit, Gefahren vorauszusehen. Unser Vertrauen müssen wir auf den Schutz des Herrn setzen.

Gebet des Tages

Abba, Vater, hilf mir, dich zu ehren und deine wirkende Hand zu erkennen, wann immer ich Rettung aus Gefahr erlebe. Ich bitte dich um Geduld, Weisheit und Führung, wenn ich den gewöhnlichen Aktivitäten meines Alltagslebens nachgehe. Ich glaube, dass du mich immer zur richtigen Zeit am richtigen Ort sein lassen wirst, um mich zu beschützen und sicher zu bewahren. Amen.

Gedanke des Tages

Der Gott der richtigen Geschehnisse zur richtigen Zeit und am richtigen Ort wacht über meinem Leben. Er gibt mir ***'et*** *und* ***qarah*** *und bringt mich zur richtigen Zeit an den richtigen Ort, um mich zu beschützen und zu segnen!*

TAG 7

JESUS HAT DAS LETZTE WORT

Ich bin das Alpha und das Omega, der Erste und der Letzte, der Anfang und das Ende.

OFFENBARUNG 22,13 ELB

Ich möchte dir noch eine letzte Sache über den Satzteil »sondern Zeit und Geschick trifft sie alle« zeigen. Sieh dir an, wie er im Hebräischen geschrieben wird:

כִּי עֵת וָפֶגַע יִקְרֶה אֶת כֻּלָּם׃

sie alle	*Taw Aleph*	*trifft*	*und Geschick*	*Zeit*	*sondern*

Beachte die beiden hebräischen Schriftzeichen, die farblich hinterlegt sind – *aleph* und *taw* (von rechts nach links gelesen). *Aleph* ist der erste und *taw* der letzte Buchstabe des hebräischen Alphabets. Diese Buchstabenkombination wird im Hebräischen für gewöhnlich nicht übersetzt und bis zum heutigen Tag wissen die meisten Juden nicht wirklich, wofür sie steht. Doch im Neuen Testament, im Buch der Offenbarung, sagte unser Herr Jesus: »Ich bin das Alpha und das Omega« (Offb 1,8 ELB). Das Neue Testament wurde in Griechisch geschrieben, doch Jesus, als Jude, muss gesagt haben: »Ich bin das *Aleph* und das *Taw.*« Er ist der erste Buchstabe und der letzte Buchstabe. Der Anfang und das Ende. Die Kombination aus diesen beiden Buchstaben weist auf unseren Herrn Jesus hin, der das erste und das letzte Wort über unsere Situation hat. Deine Krankheiten haben nicht das letzte Wort, er hat es. Deine Probleme haben nicht das letzte Wort, er hat es.

Seine Signatur ist in Prediger 9,11 eingetragen. Weißt du, was das bedeutet? Es bedeutet, dass unser Herr Jesus der Eine ist, der das *'et* und das *qarah* in deinem Leben zusammenführt! Wenn dein Herz von unserem Herrn Jesus erfüllt ist und sich von ihm abhängig macht, wirst du auf übernatürliche Weise zur richtigen Zeit am richtigen Ort landen!

Wie ich bereits im ersten Abschnitt erwähnte, ist das Gebet des Schutzes keine Beschwörungsformel. Es ist kein ritueller Singsang, der als Garant für Schutz dient. Es geht um Vertrautheit und eine Beziehung mit dem Herrn. Gebet ist Konversation. Ohne Konversation gibt es auch keine Beziehung. Also rede mit ihm, besprich dich mit ihm, beziehe ihn mit ein und höre ihm zu. Er wird dich so leiten und führen, dass du zur richtigen Zeit am richtigen Ort bist, zusammen mit den richtigen Menschen.

Für arglose Vögel gehen Fangnetz und Alltagsleben nahtlos ineinander über – das Gleiche gilt aber auch für die Bewahrung durch den Herrn und für sein Eingreifen, wenn du es ihm überlässt, dich zu beschützen. Es mag sich alles so selbstverständlich fügen, dass du möglicherweise nicht einmal merkst, dass du beschützt wirst! Wie wir durch Sandy in der gestrigen Andacht erfahren haben, solltest du dich auch dann freuen, wenn du im Stau stecken bleibst – es könnte sein, dass der Herr dich dort platziert hat, um dich so vor einem Fangnetz zu schützen, von dessen Existenz du noch gar nicht weißt! Wenn du dich entscheidest, den Herrn mit einzubeziehen und dich auf seinen Schutz zu verlassen, kannst du in Ruhe und in der Zuversicht leben, dass er über dich wacht.

Gebet des Tages

Lieber Herr Jesus, du bist das Alpha und das Omega, der Erste und der Letzte, der Anfang und das Ende. Danke, dass du das erste und das letzte Wort in allem hast, was mein Leben betrifft. Ich glaube, dass du mich so führen und leiten wirst, dass ich zur richtigen Zeit am richtigen Ort bin, zusammen mit den richtigen Menschen. Ich danke dir, dass du in diesem Moment im Hintergrund wirkst, um mich vor jeder Falle des Feindes zu retten. Amen.

Gedanke des Tages

Unser Herr Jesus, das Aleph und das Taw, hat das erste und das letzte Wort bezüglich meiner Situationen. Krankheiten haben nicht das letzte Wort und auch Probleme haben nicht das letzte Wort – er hat es!

ABSCHNITT 4

WILLIGE EIN, UNTER SEINE FLÜGEL ZU KOMMEN

Er wird dich mit seinen Fittichen decken,
und Zuflucht wirst du haben unter seinen Flügeln.
Seine Wahrheit ist Schirm und Schild.
PSALM 91,4 LUT

TAG 1

KOMM UNTER SEINE FLÜGEL DER BARMHERZIGKEIT UND GNADE

Er wird dich mit seinen Fittichen decken,
und Zuflucht wirst du haben unter seinen Flügeln.
Seine Wahrheit ist Schirm und Schild.
PSALM 91,4 LUT

Es ist wundervoll, wenn der Herr dich aus dem Netz des Vogelfängers rettet. Aber Gott möchte, dass wir den Schritt in etwas noch viel Besseres machen. Vers 4 fährt hiermit fort: »Er wird dich mit seinen Fittichen decken, und Zuflucht wirst du haben unter seinen Flügeln.« In diesem einfachen Satz liegen so viele kraftvolle Wahrheiten verborgen!

Das Alte Testament richtete sich in erster Linie an das jüdische Volk, das wusste, dass Wörter wie »seine Flügel« und »Fittiche« auf die Bundeslade hinwiesen. Wenn du dir die auf der Bundeslade platzierten Cherubim auf der obigen Abbildung ansiehst, weißt du auch, warum.

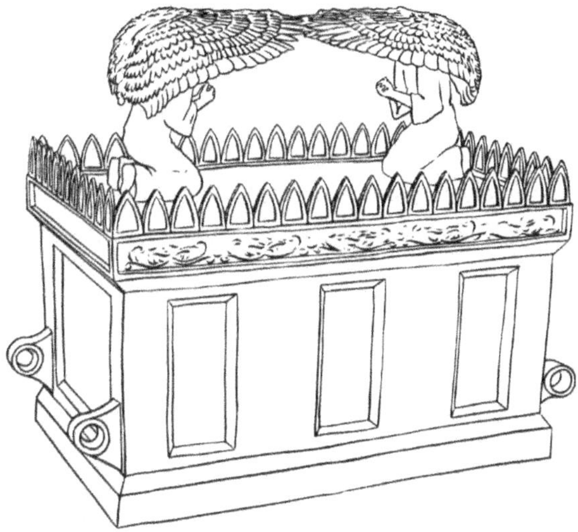

Die Bundeslade

Von allen Einrichtungsgegenständen im Tempel war die Bundeslade am heiligsten. Sie wurde im Allerheiligsten aufgestellt, und sie versinnbildlicht unseren Herrn Jesus Christus. Sie bestand aus unverwüstlichem Holz und war mit Gold belegt. Das Holz repräsentiert sein unvergängliches und sündloses Menschsein, während das Gold seine vollkommene Gottheit und sein göttliches Wesen repräsentiert. Unser Herr Jesus war zu einhundert Prozent Mensch, aber auch zu einhundert Prozent Gott. Der Deckel der Bundeslade, auf dem die Cherubim zu finden sind, ist massives Gold, aus einem Stück getrieben. Er wird auf Hebräisch *kappōrät* genannt, was für gewöhnlich mit »Gnadenstuhl«[10] übersetzt wird. Um die Bedeutsamkeit des Gnadenstuhls zu verstehen, müssen wir den Inhalt der Bundeslade verstehen.

Drei Gegenstände befanden sich in der Bundeslade: die Steintafeln, in die die von Gott gegebenen Zehn Gebote eingemeißelt waren, ein goldenes, mit Manna gefülltes Gefäß und Aarons Stab, der ausgetrieben und Frucht getragen hatte. Diese drei Gegenstände versinnbildlichen die Rebellion des Menschen – seine Ablehnung von Gottes heiligen Maßstäben, seine Ablehnung von Gottes Versorgung und seine Ablehnung von Gottes ernannter Führung. Gott nahm diese Symbole der menschlichen Rebellion und des menschlichen Versagens und legte sie in die Bundeslade, wo er sie mit seinem Gnadenstuhl bedeckte. Es ist ein wunderschönes Bild seiner unverdienten Gunst in unserem Leben, ein Bild, das zeigt, wie seine Barmherzigkeit über das Gericht triumphiert. Das ist der Ort des Schutzes, an dem wir nach Gottes Wunsch tagtäglich leben sollen – nicht in den Klauen des Gerichts, der Bestrafung und der Verdammung, sondern unter seinen Flügeln der Barmherzigkeit, der Gnade und der Gunst. Das ist der Ort der vertrauten Nähe mit unserem Herrn Jesus; das ist der Ort des göttlichen Schutzes.

Gebet des Tages

Herr Jesus, danke, dass du am Kreuz für meine Sünden gestorben bist, damit ich in meinem Leben stets deine Güte und deinen Schutz empfangen kann. Danke, dass ich tagtäglich unter deinen Flügeln der Barmherzigkeit, Gnade und Gunst leben darf, und nicht in den Klauen des Gerichts, der Bestrafung und der Verdammung. Ich spreche deine unverdiente Gunst über mein Leben aus. Amen.

Gedanke des Tages

Der verborgene Ort des göttlichen Schutzes, an dem ich nach Gottes Willen an jedem Tag leben soll, befindet sich unter seinen Flügeln der Barmherzigkeit, Gnade und Gunst.

TAG 2

WO GOTT DIR BEGEGNET UND MIT DIR SPRICHT

Dort will ich dir begegnen und mit dir reden
von dem Gnadenstuhl aus …
2. Mose 25,22 LUT17

Zur Zeit des Alten Testaments ging der Priester einmal im Jahr, an Jom Kippur, dem Versöhnungstag, ins Allerheiligste und sprengte das Blut eines unschuldigen Tieres auf den Gnadenstuhl. Nachdem der Gnadenstuhl mit dem Blut des Opfers besprengt worden war, sah Gott nur noch das Blut und nicht mehr die Rebellion und das Versagen der Menschen, wie schon in der gestrigen Andacht festgestellt. Doch unter dem alten Bund *bedeckte* das Blut des Opfertieres die Sünden der Kinder Israels lediglich, und das auch nur für ein Jahr. Was an Jom Kippur geschah, war lediglich ein *Schattenbild.* Unser Herr Jesus ist die greifbare *Wirklichkeit.* Er ist das Lamm Gottes, das die Sünden der Welt *wegnimmt*, und sein Opfer am Kreuz war einmalig und ist für immer gültig (siehe Joh 1,29; Hebr 9,12)!

In 2. Mose 25,17–22 (LUT17) sagte der Herr zu Mose: »Du sollst auch einen Gnadenstuhl machen aus feinem Golde; … Und du sollst zwei goldene Cherubim machen. Als getriebene Arbeit sollst du sie ausführen an beiden Enden des Gnadenstuhls … Aus dem Gnadenstuhl sollt ihr die Cherubim herausarbeiten … Und die Cherubim sollen ihre Flügel nach oben ausbreiten, dass sie mit ihren Flügeln den Gnadenstuhl bedecken und eines jeden Antlitz gegen das des andern stehe; und ihr Antlitz soll zum Gnadenstuhl gerichtet sein. Und du sollst den

Gnadenstuhl oben auf die Lade tun und in die Lade das Gesetz legen, das ich dir geben werde. Dort will ich dir begegnen und mit dir reden von dem Gnadenstuhl aus, der auf der Lade mit dem Gesetz ist, zwischen den beiden Cherubim, alles, was ich dir gebieten will für die Israeliten.«

Von wo aus wird der Herr sprechen? Vom Gnadenstuhl aus. Nur darum geht es in meinem Dienst. Ich predige vom Gnadenstuhl aus, ich predige über seine Barmherzigkeit und seine Gnade, über sein vergossenes Blut und über sein vollbrachtes Werk. Es gibt Menschen, die vom Richterstuhl aus predigen, sie predigen über das Gesetz und darüber, wie wir versagt haben. Der Lohn der Sünde ist der Tod. Unter dem Gesetz kann man dem Tod nicht entkommen. Doch dieser Dienst dreht sich um die Barmherzigkeit, Gnade, Gunst, Liebe und den Schutz des Herrn.

Unter der Gnade starb Jesus am Kreuz unseren Tod. Er wurde mit dem Tod bestraft, den wir für unsere Sünden verdienten. Er gab am Kreuz seinen Schutz auf, damit wir heute unter göttlichem Schutz leben können. Halleluja! Erfüllt das heute nicht dein Herz mit Sicherheit und Frieden?

Gebet des Tages

Vater Gott, danke, dass der Herr Jesus dein Lamm ist, das am Kreuz meine Sünden ein für alle Mal weggenommen hat. Danke dafür, dass du mir begegnest und mit mir vom Gnadenstuhl aus sprichst und dass du mich daran erinnerst, dass ich einen Platz in größter Nähe zu dir habe. Ich glaube, dass deine Barmherzigkeit, Gnade Gunst, Liebe und dein Schutz mir gehören, weil du mich liebst. Amen.

Gedanke des Tages

Jesus ist das Lamm Gottes – er wurde mit dem Tod bestraft, den ich für meine Sünden verdiente. Er gab am Kreuz seinen Schutz auf, damit ich heute unter göttlichem Schutz leben kann.

TAG 3

DER SICHERSTE ORT IM UNIVERSUM

Maria aber stand draußen vor dem Grab und weinte. Wie sie nun weinte, beugte sie sich in das Grab, und sie sieht zwei Engel in weißen Kleidern sitzen, den einen beim Haupt, den anderen zu den Füßen, wo der Leib Jesu gelegen hatte.

JOHANNES 20,11–12

Weißt du, was Maria sah, als sie in das Grab blickte? Sie sah die greifbar gewordene *Wirklichkeit* der Bundeslade. So wie es auf dem Gnadenstuhl zwei Cherubim oder Engel gab, saßen nun zwei Engel dort, wo Jesus gelegen hatte – einer am Kopfende, der andere am Fußende. (Persönlich glaube ich, dass es anlässlich eines so bedeutenden Ereignisses wie der Wiederauferstehung unseres Herrn die beiden Erzengel Michael und Gabriel waren.) In ein leeres Grab wurde unser Erlöser gelegt, nachdem er den vollen Preis für unsere Sünden mit seinem eigenen Blut bezahlt hatte. Und leer ist dieses Grab auch heute, weil alle unsere Sünden vergeben sind und unser Herr auferstanden ist! Unsere Hoffnung und Zuversicht und die Gewissheit unserer Errettung sind in den von Nägeln durchbohrten Händen unseres wiederauferstandenen Erlösers zu finden. Der Gnadenstuhl ist ein Abbild des Throns der Gnade (siehe Hebr 4,16). Das ist der Ort, an dem wir sein wollen – am Thron der Gnade, wo er uns mit seinen Schwingen und Flügeln schützend bedeckt.

Ich möchte dich mit diesem Zeugnis von Veronica aus New York City ermutigen:

Vor einigen Tagen steckten mein Mann Casey und ich abends fünf Stunden lang in einem Stau fest. Wir konnten das Auto nicht bewegen und wussten nicht, was den Stau verursacht hatte, also hörten wir uns eine Predigt von Pastor Joseph Prince an, mit dem Titel »Der verborgene Ort, an dem du Schutz und langes Leben findest«. Später fanden wir heraus, dass sich an der Stelle, die wir nur fünf Sekunden später passiert hätten, ein Unfall ereignet hatte. Fünf Sekunden. Der Herr hatte uns vor dem Unfall bewahrt! Wir sind so reich gesegnet und zutiefst geliebt vom Herrn.

Heute wurde Casey erneut auf wunderbare Weise vor einem Autounfall bewahrt. Allem Anschein nach erlitt der Unfallverursacher während des Fahrens einen Herzinfarkt und wurde ohnmächtig. Dies führte zu einer Massenkarambolage, in die alle Fahrzeuge vor und hinter Casey verwickelt wurden. Die Fahrer mussten zudem ins Krankenhaus gebracht werden.

Caseys Fahrzeug blieb trotz alldem vollkommen unversehrt. Obwohl Casey schon immer ein ausgezeichneter Fahrer war, wagte er es nicht, den Umstand, dass ihm nichts geschehen war, seinem Können zuzuschreiben. Alles war so schnell passiert, dass ihm keine Zeit blieb zu reagieren. Vielmehr sind wir davon überzeugt, dass der Herr ihn aufs Neue bewahrt hat, denn gerade erst heute Morgen las Casey eine Tagesandacht von Pastor Prince, die sich auf Schriftstellen aus Psalm 91 stützte. Es ging dabei um die Verse 1 und 4 (ELB): »Wer im Schutz des Höchsten wohnt, bleibt im Schatten des Allmächtigen … Mit seinen Schwingen deckt er dich, und du findest Zuflucht unter seinen Flügeln«.

Es gibt wahrhaftig keinen Ort im Universum, wo wir sicherer wären als unter den schützenden Flügeln unseres Erlösers. Welch segensreiche Zuversicht dürfen wir heute haben, dass wir trotz des Zerstörungswahnsinns um uns herum immer Zuflucht und Trost im Herrn finden, der unser zuverlässiger Friede und Schutz und unsere unerschöpfliche Versorgung ist.

Ich stimme mit Veronica voll und ganz überein, dass es keinen sichereren Ort im Universum gibt als unter den Flügeln des Herrn, und ich freue mich, dass sein Schutz über Veronica und Casey auch uns gilt!

Gebet des Tages

Herr Jesus, danke, dass du mein Retter bist und dass du den vollen Preis für meine Sünden mit deinem Blut bezahlt hast. Danke, dass deine Auferstehung meine Hoffnung, meine Zuversicht und die Gewissheit meiner Errettung ist. Ich erkläre, dass es keinen sichereren Ort für mich gibt als am Thron der Gnade, unter der schützenden Bedeckung deiner Schwingen und Flügel. Amen.

Gedanke des Tages

Der sicherste Ort im Universum ist für mich in der schützenden Bedeckung unter den Flügeln meines Erlösers.

TAG 4

UNTER SEINE FLÜGEL GESAMMELT

»Jerusalem, Jerusalem, die du die Propheten tötest und steinigst, die zu dir gesandt sind; ***wie oft habe ich deine Kinder sammeln wollen wie eine Henne ihre Küken unter ihre Flügel,*** *und ihr habt nicht gewollt! Siehe, euer Haus wird euch verwüstet gelassen werden!«*

LUKAS 13,34–35

Noch ein weiteres wunderschönes Bild verbirgt sich im vierten Vers von Psalm 91. Es ist das Bild einer Henne, die ihre Küken beschützt. Die obige Schriftstelle hält fest, wie unser Herr Jesus auf Jerusalem herabblickte und es beklagte. Später *weinte* Jesus über Jerusalem und sagte: »Es kommt für dich eine Zeit, da werden deine Feinde rings um dich einen Wall aufwerfen, dich belagern und dich von allen Seiten bedrängen. Sie werden dich zerstören und deine Kinder, die in dir wohnen, zerschmettern und werden in der ganzen Stadt keinen Stein auf dem anderen lassen, weil du die Zeit, in der Gott dir begegnete, nicht erkannt hast« (Lk 19,43–44 NGÜ). Das griechische Wort für »weinte« in Vers 41 ist *klaio*, und es beschreibt eine Emotion, die so stark bewegt, dass man in lautes Schluchzen und Weinen ausbricht.[11]

Kannst du in seinen vielen vergossenen Tränen die liebevolle Barmherzigkeit erkennen, die der Herr für Israel empfindet? Er wünschte, er hätte Israel unter seine Fittiche sammeln können, wie eine Henne ihre Küken unter ihre Flügel sammelt, aber Israel wies ihn zurück. Der Herr konnte den Menschen seinen Schutz nicht aufzwingen, und sie waren nicht bereit, ihn freiwillig anzunehmen. Ich glaube, während unser Herr weinte, sah er nicht nur die Eroberung von Jerusalem durch die Römer, in deren Folge der Tempel bis auf die Grundmauern niedergebrannt und viele Juden getötet oder als Sklaven verkauft wurden, sondern auch die Gräueltaten des Holocaust.

Beachte, was der Herr sagte: »Aber ihr habt nicht gewollt!« Das zeigt uns eindeutig, dass der Herr uns seinen Schutz nicht aufzwingen wird, wenn wir nicht gewillt sind, unter seine Flügel zu kommen. Lieber Freund, bist du bereit, dich und deine Familie heute von unserem Herrn Jesus beschützen zu lassen? Bist du bereit, Zuflucht bei ihm zu suchen? Dann sag es ihm. Wir sollten den Schutz unseres Herrn nie stillschweigend voraussetzen. Nehmen wir uns stattdessen die Zeit, ihn jeden Tag aufs Neue wissen zu lassen, dass wir auf ihn und seinen Schutz und seine Bewahrung vertrauen.

Möchtest du wissen, was geschieht, wenn du das tust? Sieh dir an, was Boas zu Rut sagte: »Der Herr, der Gott Israels, unter dessen Flügeln du Zuflucht gesucht hast, soll dir das vergelten und dich reich dafür belohnen« (Rut 2,12 NLB). Wow! Es war eigentlich schon Privileg genug, dass diese Moabiterin, die laut dem Gesetz eine Ausgestoßene war, Zuflucht unter den Flügeln des Gottes von Israel fand. Doch Gott belohnte sie sogar noch dafür, dass sie bei ihm Zuflucht suchte. Gleicherweise ist es auch für uns ein Privileg, unter seinen Flügeln Zuflucht suchen zu dürfen. Doch wenn wir dem Herrn sagen, dass wir ihn brauchen und seinen Schutz haben wollen, gibt er uns eine reiche Belohnung, weil wir ihm vertrauen und unter seine Flügel kommen. Welch ein Gott!

Gebet des Tages

Herr Jesus, danke für deine liebevolle Barmherzigkeit, mit der du mich – wie eine Henne ihre Küken – unter deine Flügel sammeln willst. Ich nehme heute deinen Schutz für mich und meine Familie gerne in Empfang. Ich erkläre, dass ich auf dich vertraue und darauf, dass du uns bedeckst und beschützt, wohin wir auch gehen und bei allem, was wir tun. Amen.

Gedanke des Tages

Heute, wie an jedem Tag, brauche ich den Herrn Jesus, und ich vertraue, dass er mich bedeckt und beschützt.

TAG 5

VERTRAUTHEIT MIT DEM HERRN

Kommt her zu mir, alle ihr Mühseligen und Beladenen! Und ich werde euch Ruhe geben. Nehmt auf euch mein Joch, und lernt von mir! Denn ich bin sanftmütig und von Herzen demütig, und ihr werdet Ruhe finden für eure Seelen.

MATTHÄUS 11,28–29 ELB

Der Herr möchte nicht, dass du lediglich seine Zusagen bezüglich seines Schutzes in Anspruch nimmst. Er will, dass du die Nähe zu ihm suchst. Zu ihm zu laufen, um unter seine Fittiche zu kommen, ist ein Zeichen von Nähe. Es geht nicht darum, wie oft du Psalm 91 aufgesagt hast; es geht vielmehr um eine vertraute Beziehung mit ihm. Als Kind rannte ich nachts, wenn es gewitterte, ins Schlafzimmer meiner Eltern, hüpfte in ihr Bett und versteckte mich in den Armen meiner Mutter. Meist dauerte es nicht lange, bevor ich tief und fest schlief, auch wenn der Sturm draußen weiter tobte. Wie du siehst, muss man keine »Sieben Schritte« erlernen, um Furcht zu überwinden. Die Gegenwart eines liebevollen Elternteils reicht aus, um jegliche Furcht zu vertreiben. Unser Herr Jesus, der dich liebt, möchte, dass du ihm ganz nahekommst und Zuflucht in seiner Liebe suchst. Möchtest du das heute tun?

Ich hörte die Geschichte eines Landwirts, dessen Gehöft völlig niedergebrannt war. Als er zwischen den schwelenden Überresten umherging, kam er auch zu den verbrannten Kadavern seiner Hühner. Er schob einen der vom Feuer geschwärzten Tierkörper mit dem Fuß ein wenig zur Seite, und zu seinem großen Erstaunen kamen kleine Küken unter dem Körper hervorgelaufen. Was war geschehen? Sie hatten unter den Flügeln ihrer Mutter Zuflucht gesucht, die ihr Leben opferte, um ihre Kleinen zu retten.

Dies ist ein Bild davon, was unser Herr Jesus tat, als er die volle Bestrafung unserer Sünden auf seinen Körper nahm. Das Feuer von Gottes Gericht fiel nicht auf die Schriftgelehrten und Pharisäer, die den Messias zurückgewiesen hatten, und auch nicht auf die römischen Soldaten, die ihn ans Kreuz genagelt hatten, sondern auf seinen eigenen geliebten Sohn – für die Nation Israel, für die Nationen der Heiden, für dich, für mich, sodass jeder, der an ihn glaubt, gerettet würde.

Doch es gibt etwas, das du sehen solltest: Als Jesus am Kreuz geopfert wurde, nahm er Gottes Gericht vollständig in seinen eigenen Körper auf, und als Opfer war er größer als die Flammen des Gerichts. Das Opfer war größer als es das Gericht war, denn das Opfer wurde vom Feuer nicht verzehrt. An jenem Kreuz verkündete unser Herr: »Es ist vollbracht!«, und das tat er, *bevor* er seinen Geist übergab. Das Opfer war noch vorhanden, *nachdem* sich Gottes Gericht vollständig erschöpft hatte. Halleluja! Und aus diesem Grund können wir heute zuversichtlich zu seinem Thron der Gnade kommen!

Gebet des Tages

Abba, Vater, danke, dass du willst, dass ich nahe zu dir komme, weil du mich liebst. Danke, dass mein Herr Jesus die volle Bestrafung für meine Sünden auf sich nahm und ich jetzt zuversichtlich zu deinem Thron der Gnade kommen kann, um alle Hilfe und allen Schutz zu erhalten, die ich brauche. Ich nehme Zuflucht in deiner Liebe, die meine ganze Furcht vertreibt. Amen.

Gedanke des Tages

Der Herr Jesus liebt mich und will, dass ich ihm nahe bin und Zuflucht in seiner Liebe und Gegenwart nehme.

TAG 6

KOMM ZUVERSICHTLICH

Wir wollen also voll Zuversicht vor den Thron unseres gnädigen Gottes treten, damit er uns sein Erbarmen schenkt und uns seine Gnade erfahren lässt und wir zur rechten Zeit die Hilfe bekommen, die wir brauchen.

HEBRÄER 4,16 NGÜ

Lieber Freund, wenn wir bereit sind, uns und unsere Familie vom Herrn beschützen zu lassen, und wenn wir uns täglich die Zeit nehmen, ihn wissen zu lassen, dass wir ihm vertrauen, empfangen wir sein reichlich vorhandenes Erbarmen in Nöten, die unser Verständnis übersteigen. Ich erhielt ein Zeugnis von Victoria aus Kalifornien, das eindrucksvoll veranschaulicht, wie der Herr uns beschützt, wenn wir einfach nur zuversichtlich zu seinem Thron der Gnade kommen und demütig einwilligen, uns von ihm beschützen zu lassen. Lies selbst, was Victoria mir schrieb:

Vor einiger Zeit rief ich eine Ihrer im Internet bereitgestellten Predigten ab. Am Ende der Botschaft sagten Sie, Sie würden nun für unseren Schutz beten. Ich drückte schnell die Pause-Taste und rief nach meiner siebzehnjährigen Tochter, damit sie gemeinsam mit mir das Gebet und die Segnung in Empfang nehmen konnte.

Während des Gebets sagten Sie auch, wir würden nicht im Schlaf sterben. Obwohl wir diesbezüglich nichts befürchteten, empfingen wir dieses Gebet trotzdem gern.

Am nächsten Morgen wachte ich auf und fühlte mich zu krank, um zur Arbeit zu gehen. Ich stand trotzdem auf, um meine Tochter für die Schule zu wecken, aber auch sie fühlte sich unwohl. Sie klagte über die gleichen Symptome, unter denen ich litt. Weil wir das Gefühl hatten, etwas sei nicht in Ordnung, suchten wir gemeinsam die Notfallklinik auf. Dort fanden wir heraus, dass wir beide eine Kohlenmonoxidvergiftung hatten, die von einer defekten Heizung herrührte!

Wir kennen viele Berichte von Menschen, die während des Schlafs Kohlenmonoxid einatmeten, und wissen auch, dass die meisten von ihnen starben. Wir glauben, dass wir aufgrund Ihres Gebets, das Sie über uns gesprochen haben, und unserer Bereitschaft, es anzunehmen, bewahrt blieben. Gott hörte und antwortete. Er weckte uns rechtzeitig auf, sodass wir gerettet wurden. Wir geben Jesus alle Ehre!

Welch mächtiges Zeugnis einer gläubigen Person, die jede Gelegenheit wahrnimmt, um zum Thron der Gnade zu gehen, und die gern einwilligt, unter die schützenden Flügel des Herrn zu kommen! Ich bete, dass auch du ermutigt wirst, dies jeden Tag zu tun.

Gebet des Tages

Vater im Himmel, danke, dass ich einfach zuversichtlich zu deinem Thron der Gnade kommen und mich damit einverstanden erklären kann, von dir beschützt zu werden. Ich glaube, dass ich deine reichlich vorhandene Barmherzigkeit empfangen werde und die Gnade finde, um in Zeiten der Not deine Hilfe zu erfahren. Amen.

Gedanke des Tages

Ich komme zuversichtlich zu Gottes Thron der Gnade und nehme Zuflucht in seiner Gegenwart und Liebe.

TAG 7

GESCHÜTZT VOR JEDEM MANÖVER DES FEINDES

»Seine Wahrheit ist Schirm und Schild.«

PSALM 91,4 LUT

Psalm 91 beginnt mit: »Er wird dich mit seinen Fittichen decken, und Zuflucht wirst du haben unter seinen Flügeln« und endet mit dieser Verkündung: »Seine Wahrheit *ist* Schirm und Schild.« Was sind Schirm und Schild? Der hier genannte Schild ist ein kleiner runder Faustschild, der im Nahkampf eingesetzt wird. Was in diesem Vers als Schirm bezeichnet wird, ist ebenfalls ein Schild, jedoch ein viel größerer, dessen unteres Ende in den Boden gerammt werden kann und der so als Abschirmung gegen Speere, Pfeile und Steine dient, die während eines größeren Angriffs auf dich geschleudert oder abgeschossen werden. Ob es also um einen kleinen oder großen Angriff geht, seine Wahrheit – dein Schirm und Schild – beschützt und beschirmt dich in jeder Hinsicht!

Epheser 6,16 weist uns an, *vor allem* den Schild des Glaubens zu ergreifen, mit dem wir *alle* feurigen Pfeile des Bösen auslöschen können. Warum? Weil der Schild des Glaubens dich von allen Seiten beschirmen wird. Amen! Deshalb ist der Feind so sehr hinter deinem Schild des Glaubens her – er will erreichen, dass du Gottes Wort, also seine Wahrheit, anzweifelst. Doch sobald du den Schild des Glaubens ergriffen hast, können seine Angriffe auf dich nichts mehr ausrichten. Also hebe deinen Schild hoch!

Mein lieber Leser, während du Botschaften über das vollbrachte Werk Jesu zuhörst, wird dein Glaube aufgebaut, und mit ihm wächst auch dein Schild. Selbst wenn du dich zur falschen Zeit am falschen Ort befindest, kann der Herr dich beschützen, wenn sein Schild des Glaubens dich umgibt und du sicher im Schatten seiner Flügel geborgen bist.

Ein Mann aus unserer Gemeinde erfuhr dies am eigenen Leib, als er an einem Sonntagmorgen mit seiner Familie unterwegs zum Gottesdienst war. Auf der Autobahn fuhr er hinter einem Kleintransporter her, der auf dem Dach eine ungefähr 1,50 Meter breite Matratze transportierte. Plötzlich rissen die Schnüre, mit denen die Matratze festgebunden war, sodass sie vom Dach abhob und ihm frontal entgegengeschleudert wurde. Er und seine Frau machten sich auf einen Aufprall gefasst, wobei sie erwarteten, dass die große, schwere Matratze die Windschutzscheibe zerstören würde, denn für ein Ausweichmanöver blieb keine Zeit.

Auf wundersame Weise bekam die Matratze direkt vor ihrem Fahrzeug Bodenkontakt, federte dabei nach rechts weg und prallte gegen ein anderes Fahrzeug. Glücklicherweise konnte der Fahrer des getroffenen Fahrzeugs rechtzeitig abbremsen und blieb so von einem Unfall verschont. Für unser Gemeindeglied war es, als ob ein Kraftfeld – oder ein unsichtbarer Schutzschild – ihn und seine ganze Familie bewahrt hatte! Kannst du dir vorstellen, was hätte passieren können, wenn diese große Matratze die Windschutzscheibe seines Wagens zerstört hätte, in dem seine Frau und auf dem Rücksitz beide Kleinkinder saßen? Lass uns dem Herrn danken, denn er ist so gut und seine Güte währt ewig! Es ist wahr: *Er beschirmt dich mit seinen Flügeln, und unter seinen Schwingen findest du Zuflucht.*

Gebet des Tages

Vater Gott, ich danke dir, dass deine Wahrheit mein Schirm und Schild ist und mich in jeder Schlacht rundum schützt, sei es ein kleiner oder auch ein großer Angriff. Danke für dein Wort, das mir zeigt, dass du willens und fähig bist, mich zu retten und zu beschützen, ganz gleich, welche Gefahr mich umgibt. Ich erkläre, dass kein Angriff gegen mich erfolgreich sein wird. Amen.

Gedanke des Tages

Ich bin von allen Seiten durch dein Wort und deine Verheißungen beschirmt, die mein Schild des Glaubens sind, der alle feurigen Pfeile des Feindes auslöscht.

ABSCHNITT 5

FURCHTLOS LEBEN

Du brauchst dich vor dem Schrecken der Nacht nicht zu fürchten,
noch vor dem Pfeil, der am Tag dahinfliegt,
nicht vor der Pest, die im Finstern schleicht,
vor der Seuche, die wütet am Mittag.

PSALM 91,5–6 EÜ

TAG 1

WIE MAN FURCHTLOS LEBT

Du brauchst dich vor dem Schrecken der Nacht nicht zu fürchten, noch vor dem Pfeil, der am Tag dahinfliegt, nicht vor der Pest, die im Finstern schleicht, vor der Seuche, die wütet am Mittag.

PSALM 91,5–6 EÜ

Ich liebe es, wie Psalm 91 uns daran erinnert, dass wir einen Rund-um-die-Uhr-Schutz haben. Ob es Nacht ist oder Tag. Ob in der Dunkelheit oder am Mittag. Ob wir mit Schrecken oder Pfeilen konfrontiert werden. Ob Seuchen drohen oder Zerstörung lauert. Wir brauchen uns *nicht* zu fürchten, weil unser Gott, der uns behütet, weder schlummert noch schläft (siehe Ps 121,3–4)!

Tatsache ist, dass die Welt, in der wir leben, offensichtlich in negativen Nachrichten und Furcht versinkt. Wir hören oft von sinnlosen Terroranschlägen auf unschuldige Zivilpersonen, von schweren Unfällen mit hohen Opferzahlen oder davon, wie sich eine Epidemie über ganze Landstriche ausbreitet. Ich weiß, dass viele gar nicht anders können, als sich davor zu fürchten, möglicherweise selbst von solchen Tragödien getroffen zu werden.

Aber, lieber Freund, ich möchte dich wissen lassen, dass es inmitten all dieser Dinge, die in der Welt geschehen, *möglich ist*, furchtlos zu sein. Dazu musst du den Herrn als den Gott des Friedens kennen.

Kapitel 15 des Römerbriefs endet mit diesem Satz des Apostels Paulus: »Der ***Gott des Friedens sei*** mit euch allen« (Röm 15,33). Du magst nun fragen: *Ist Gott nicht immer mit uns? Weshalb hat Paulus dann ausdrücklich gesagt: ›Der Gott des Friedens sei mit euch allen‹?* Was

Paulus über die Menschen aussprach, war der Wunsch, Gott möge sich in ihrem Leben als der Gott des Friedens zeigen. Oder anders ausgedrückt: Obwohl Gott immer mit uns ist, erleben wir ihn möglicherweise nicht immer als Gott des Friedens.

Weißt du, was geschieht, wenn Gott sich als der Gott des Friedens in deinem Leben zeigt? Römer 16,20 sagt es uns: *Der **Gott des Friedens** aber **wird** in kurzem **den Satan** unter euren Füßen **zermalmen**. Die **Gnade** unseres Herrn Jesus Christus sei mit euch! Amen.*

Kannst du sehen, was der Gott des Friedens in deinem Leben tun wird? Er wird jegliche Furcht, jede Sorge und alle Ängste zermalmen!

Siehst du in dem Vers auch die *Gnade*? Gnade – die unverdiente, nicht durch eigene Arbeit oder Leistung erworbene Gunst Gottes – ist das Einzige, gegen das der Teufel nicht ankämpfen kann. Aus diesem Grund setzen wir unser Vertrauen in das Blut Jesu, wenn es um Schutz geht. Sein sündloses Blut wurde vergossen, um für die Schuld des Schuldigen zu zahlen. Und weil Jesus den Preis bezahlt hat, haben wir, die wir in ihm sind, das Recht, in göttlicher Gesundheit und unter göttlichem Schutz zu leben. Die Gnade schenkt uns das Recht auf Schutz. Amen!

Gebet des Tages

Herr Jesus, ich bitte dich, dich heute in meinem Leben als Gott des Friedens zu zeigen. Ich danke dir, dass ich nichts zu befürchten habe, weil du Tag und Nacht über mich wachst. Danke, dass du bei mir bist und Satan unter meinen Füßen zermalmst. Ich erkläre, dass ich dank deiner Gnade den Sieg über jede Furcht, Sorge und Angst habe. Amen.

Gedanke des Tages

Der Gott des Friedens ist mit mir und zermalmt durch seine Gnade Satan unter meinen Füßen, zusammen mit jeder Furcht, jeder Sorge und jeder Angst.

TAG 2

DIE KRAFT SEINER LIEBE UND GNADE

Der Gott des Friedens aber wird in Kurzem den Satan unter euren Füßen zermalmen. Die Gnade unseres Herrn Jesus Christus sei mit euch! Amen.

RÖMER 16,20

In der gestrigen Andacht sahen wir, dass Gnade das Einzige ist, gegen das der Teufel nicht ankämpfen kann. Wenn du auf Grundlage deines eigenen Gehorsams und deiner eigenen Verdienste lebst, hat der Teufel Macht über dich, weil er dich stets auf etwas hinweisen kann, das du nicht getan hast. Das gibt ihm die Herrschaft über dich. Wenn du dich auf deine eigenen Werke verlässt, um Gottes Schutz und Heilung für dich in Anspruch zu nehmen, muss der Teufel dich nur auf die eine Sache hinweisen, in der du versagt hast, und augenblicklich fällt dein Glaube in sich zusammen. Du wirst dich innerlich für untauglich erklären, das zu empfangen, was du vom Herrn erwartest.

Doch die Gnade qualifiziert uns für seinen Schutz. Weil Jesus den Preis bezahlt hat, haben wir, die wir in ihm sind, das Recht, in göttlicher Gesundheit und unter göttlichem Schutz zu leben. Wenn der Teufel dich anklagt, indem er sagt: »Wie kannst du es nur wagen, auf Gottes Schutz zu vertrauen, wo du doch …« (hier fährt er mit einer Auflistung deiner Versäumnisse und Fehler fort), musst du nur auf Jesu Blut verweisen, das für jeden deiner Fehler und für alles Versagen bezahlt hat. Mit der Gnade als deiner Grundlage kann der Gott des Friedens über deine Ängste herrschen und dir unerschütterlichen Glauben an seinen Schutz gewähren!

Noch etwas anderes geschieht, wenn du seine Gnade verstehst – du wirst zugleich auch verstehen, wie vollkommen du von deinem Vater im Himmel geliebt wirst. Gott liebte dich und mich *so* sehr, dass er seinen einziggeborenen Sohn ans Kreuz sandte, um dort für uns zu sterben, wobei er alle unsere Sünden auf seinem eigenen Körper trug, damit wir heute zuversichtlich zu seinem Thron der Gnade kommen können. Er tat es, damit wir heute nicht wie Schafe ohne Hirten sind, sondern von unserem Abba-Vater zutiefst geliebt und liebevoll umsorgt sein können. Wir sind seine Kinder und wenn wir uns an ihn wenden, WIRD er auch antworten. Wir haben einen Gott, der seine Liebe zu uns zeigte, *während* wir ***noch*** Sünder waren – als wir ihm nichts weiter anzubieten hatten als unsere Gebrochenheit, unsere Schande, unsere Sünden und unsere Unzulänglichkeiten! Wie vollkommen ist diese Liebe!

Das Wort Gottes sagt: »**Furcht ist nicht in der Liebe**, sondern **die vollkommene Liebe treibt die Furcht aus**, denn die Furcht hat mit Strafe zu tun; wer sich nun fürchtet, ist nicht vollkommen geworden in der Liebe. Wir lieben ihn, weil er uns zuerst geliebt hat« (1Joh 4,18–19). Fürchtest du dich heute? Dann lass mich dir folgende Frage stellen: Weißt du, wie sehr Gott dich liebt? Furcht kann man nämlich nicht wegdiskutieren. Aber wenn du erkennst, mit welch vollkommener Liebe Gott dich liebt, dann wird das jegliche Furcht aus deinem Leben vertreiben. In dem Maße, wie du seine Liebe zu dir erfasst, wirst du furchtlos leben in gefährlichen Zeiten!

Gebet des Tages

Abba, Vater, danke, dass die Gnade meines Herrn Jesus mich für das Recht qualifiziert, in Gesundheit und unter deinem Schutz zu leben. Danke für deine vollkommene Liebe, die wahrhaftig jede Furcht austreibt und mich befähigt, angstfrei zu leben. Ich erkläre, dass Jesu Blut für all mein Versagen bezahlt hat und meine unerschütterliche Grundlage für deinen Schutz ist. Amen.

Gedanke des Tages

Es ist die Gnade Gottes, die mir das Recht auf Schutz gibt, und nicht irgendeine Sache, die ich getan habe oder tun werde. Es ist die vollkommene Liebe Gottes, die jede Furcht aus meinem Leben vertreibt und mich befähigt, angstfrei zu leben.

TAG 3

JAHWE-SCHALOM IST DEIN GOTT

Der Gott des Friedens sei mit euch allen! Amen.
RÖMER 15,33

Gewiss möchtest du, dass der Herr sich dir als Gott des Friedens zeigt, wenn du dich fürchtest. Lass uns also genauer betrachten, was »Gott des Friedens« bedeutet. Vergiss dabei nicht, dass Paulus jüdischer Herkunft war. Als er also sagte: »Der Gott des Friedens sei mit euch«, sagte er tatsächlich: »*Jahwe-Schalom* sei mit euch.« »*Jahwe-Schalom*« ist der hebräische Ausdruck für »der Gott des Friedens«. Zum ersten Mal erwähnt wird der Name *Jahwe-Schalom* in der Geschichte von Gideon in Richter 6.

Wenn wir Gideons Geschichte lesen, erfahren wir, dass die Midianiter Israel Tag und Nacht terrorisierten. Sobald die Kinder Israels versuchten, ihr Land zu bewirtschaften, fielen die Midianiter wie ein Schwarm gefräßiger Heuschrecken über sie her und zerstörten ihre Anbauflächen mitsamt allem, was darauf wuchs, und raubten ihre Viehherden. Die Midianiter waren derart bösartig, dass sie die Ackerböden so gründlich abtrugen, bis nichts mehr wuchs, um Israel auf diese Weise auszuhungern. Aus Furcht vor ihren grausamen Feinden blieb den Israeliten nichts weiter übrig, als sich in den Bergen in Erdlöchern und Höhlen zu verstecken. Kein Wunder, dass Gideon vor Angst wie gelähmt war und sich auf dem Grund einer verlassenen Weinkelter versteckte, um dort ein paar magere Getreidestängel zu dreschen, die er irgendwie ergattert hatte. Die Furcht schnürte ihn ein und er war von all dem Schrecken, der ihn umgab, völlig überwältigt.

Inmitten seiner Angst erschien Gideon »der Engel des Herrn und sprach zu ihm: Der Herr *ist* mit dir, du tapferer Held!« (Ri 6,12)

Wenn du im Alten Testament den Ausdruck »der Engel des Herrn« findest, ist damit für gewöhnlich unser Herr Jesus in dem Zustand vor seiner Menschwerdung gemeint. Jesus selbst erschien Gideon, als dieser vor Furcht außer sich war, und nannte ihn einen tapferen Helden! Ist das nicht erstaunlich?

Gibt es Momente, in denen du dich von Furcht überwältigt fühlst? Wenn du Berichte über Terror und Zerstörung hörst, bist du dann besorgt und verängstigt? Hat die Furcht dich in die Deckung getrieben? Die Wahrheit jedoch ist: Wenn unser Herr Jesus dich in diesem Moment ansieht, dann sieht er dich, ungeachtet deiner eigenen Empfindungen, als *einen tapferen Helden oder eine tapfere Heldin.*

Ist es nicht erstaunlich, wie unser Herr Jesus uns sieht? Nicht, wie wir selbst uns sehen, zeichnet uns aus; wie *der Herr* uns sieht, bestimmt, wie und was wir sind. Deshalb lesen wir sein Wort. Wir lesen es, um zu entdecken, was sein Wort über uns sagt. Mein Freund, es spielt keine Rolle, in welchem Zustand du dich gegenwärtig befindest oder wie verkorkst dein Leben ist, der Herr Jesus sieht das Beste in dir.

Er sieht dein Potenzial, deine Begabung, deine Berufung und deine Bestimmung, Großes zu tun in diesem Leben! Und wie das Ende von Gideons Geschichte zeigt, wird er dich leiten und zu einem Zeugnis seines Schutzes machen, wenn du ihm vertraust und dich und deine Situation durch seine Augen siehst.

Gebet des Tages

***Jahwe-Schalom**, mein Gott des Friedens, ich danke dir, dass du mich ungeachtet dessen, wie ich mich fühle, als einen tapferen Helden siehst und mich auch so nennst. Danke, dass unabhängig davon, wie ich mich sehe, du mich als mutige Person siehst und bei mir bist, um mich zu führen, zu retten und mit einem Zeugnis deines Schutzes zu versehen. Ich erkläre, dass dein Wort, und nur dein Wort, mich definiert. Amen.*

Gedanke des Tages

*Ungeachtet dessen, wie ich mich fühle, sieht mein **Jahwe-Schalom**, der Gott des Friedens, mich als tapfere, heldenhafte Person. Was er in seinem Wort über mich sagt, bestimmt meine Identität.*

TAG 4

WIE MAN VON SEINEM FRIEDEN GELEITET WIRD

Er aber, der Herr des Friedens, gebe euch den Frieden allezeit und auf alle Weise! Der Herr sei mit euch allen!

2. THESSALONICHER 3,16

Lass uns mit Gideons Geschichte aus der gestrigen Andacht fortfahren. Du sollst wissen, dass Gott, wenn er in deinem Leben zu *Jahwe-Schalom* wird, dem Gott des Friedens, nicht einfach nur beruhigend auf deine Emotionen wirkt. Vielmehr wird er dich *durch seinen Frieden leiten*. Wenn du beispielsweise Entscheidungen in deinem Berufsalltag, für deine Kinder oder auch wegen deines Urlaubsziels und Reisezeitpunkts zu treffen hast, dann sprich mit Jesus darüber. Er wird dich mithilfe seines Friedens führen und leiten. Hast du Frieden vom Herrn, dann triff die Entscheidung. Fehlt dieser Friede und du spürst, dass sich in dir etwas sperrt, nimm Abstand von ihr. Du wirst feststellen, dass die Führung des Herrn zu etwas Mühelosem wird, wenn Gott sich dir als *Jahwe-Schalom* zeigt. In seinem Frieden fühlen sich Entscheidungen nicht erzwungen oder zwiespältig an. In seinem Frieden liegt Ruhe. Sein Friede wird dich zur richtigen Zeit an den richtigen Ort und zu den richtigen Menschen führen.

Nachdem unser Herr Gideon einen tapferen Helden nannte, reagiert dieser so: »Ach, mein Herr, wenn der Herr mit uns ist, warum hat uns dann dies alles getroffen? Und wo sind alle seine Wunder, von denen uns unsere Väter erzählten, indem sie sprachen: ›Hat der Herr uns nicht aus Ägypten herausgeführt?‹ Nun aber hat uns der Herr verlassen und in die Hand der Midianiter gegeben« (Ri 6,13).

Erinnert Gideon uns nicht an uns selbst? Statt wahrzunehmen, wie der Herr ihn soeben genannt hatte, fing er an, sich zu beschweren. »Wo ist Gott inmitten der Terroranschläge? Warum hat der Herr uns verlassen? Warum liefert der Herr uns unseren Feinden aus?« Obwohl er Gideons Tirade hört, wendet der Herr sich Gideon erstaunlicherweise zu und sagt einfach: »Geh hin in dieser deiner Kraft! Du sollst Israel aus der Hand der Midianiter erretten! Habe ich dich nicht gesandt?« (Ri 6,14).

Wie bitte? Erst nennt der Herr Jesus diesen Mann, der sich versteckt, einen »tapferen Helden«. Und nun beauftragt er diesen jammernden Mann, der auf Gott zornig ist, auch noch damit, in seiner Kraft hinzugehen und Israel zu retten? Sollte es nicht vielmehr heißen: »Geh mir aus den Augen, du nichtsnutziger Nörgler, ich habe anscheinend den falschen Kerl erwischt«?

Ich bin so froh, dass der Herr nicht so ist wie du oder wie ich. Er ruft die Dinge, die nicht sind, ins Dasein (siehe Röm 4,17 EÜ). Auch du magst auf die Offenbarung des Herrn als Gott des Friedens in deinem Leben zunächst mit Furcht und Klagen reagieren, doch wie in Gideons Fall wird Gott dich als ein Zeugnis seines Schutzes aussenden, dessen bin ich gewiss. Er wird dich zu deinen Freunden schicken, zu deinen Kollegen und zu deinen Angehörigen, die in Furcht gefangen sind, und er wird dich gebrauchen, um sie aus dieser Furcht zu befreien!

Gebet des Tages

Herr Jesus, danke, dass ich deine Zusage habe, dass du mich mithilfe deines Friedens leiten und führen wirst. Danke, dass du mich zur richtigen Zeit zum richtigen Ort und zu den richtigen Menschen führst, indem du mich durch deinen Frieden und deine innere Ruhe leitest. Ich glaube, dass durch deinen Schutz über mein Leben, andere deine Güte sehen und von Furcht befreit werden. Amen.

Gedanke des Tages

Mein Herr Jesus, der Gott des Friedens, wird mich mit seinem Frieden leiten und führen, sodass ich zur richtigen Zeit am richtigen Ort, zusammen mit den richtigen Menschen, bin.

TAG 5

JESUS GIBT DIR FRIEDEN IN JEDEM BEREICH

Aber der HERR sprach zu ihm: Friede sei mit dir! Fürchte dich nicht, du wirst nicht sterben! Da baute Gideon dem HERRN dort einen Altar und nannte ihn: »Der HERR ist Friede«.

RICHTER 6,23–24

Es gibt noch mehr in Gideons Geschichte, das ich dir zeigen möchte. Der Bericht in Richter 6 sagt uns, dass Gideon immer noch furchtsam und nicht überzeugt war, obwohl er Gottes Zusage hatte, dass er »in dieser seiner Kraft hingehen« und Israel retten sollte. Er bat dann um ein Zeichen, das ihm bestätigen sollte, dass er wirklich mit dem Herrn sprach. Anschließend brachte Gideon dem Herrn ein Opfer, das er auf einen Felsblock legte. Feuer schlug aus dem Felsblock und verzehrte das Opfer. Danach entschwand unser Herr Jesus. Erst in diesem Moment wurde dem Blitzmerker Gideon klar, dass er tatsächlich mit dem Herrn höchstpersönlich gesprochen hatte. Er keuchte: »Weh mir, Herr und Gott, ich habe den Engel des Herrn von Angesicht zu Angesicht gesehen« (Ri 6,22 EÜ).

Gideon wurde panisch, denn in der damaligen Zeit war man davon überzeugt, man müsse sterben, wenn man Gott von Angesicht zu Angesicht sah. Doch bevor Gideon noch mehr in Panik geraten konnte, sagte der Herr zu ihm: »**Friede** *sei* mit dir! **Fürchte dich nicht**, du wirst nicht sterben« (Ri 6,23 EÜ). Und so baute Gideon dem Herrn dort einen Altar und nannte ihn »Der Herr *ist* Friede« (Ri 6,24 EÜ), oder auf Hebräisch, *Jahwe-Schalom*. An dieser Stelle der Bibel wird der Name

Jahwe-Schalom zum ersten Mal genannt, und die mit diesem Namen verbundene Botschaft lautet: »Du wirst nicht sterben.«

Laut *Strong's Concordance* bezieht sich das Wort *Schalom* auf Vollständigkeit, Sicherheit, Wohlergehen, seelische und körperliche Gesundheit und Versorgung. Des Weiteren umfasst es Friede, Ruhe, Gelassenheit und Zufriedenheit, wie auch Freundschaft in menschlichen Beziehungen und mit Gott in einer Bündnisbeziehung.[12] Wenn du also glaubst, *Jahwe-Schalom* gebe dir nur Seelenfrieden, täuschst du dich. Wenn du den Herrn als *Jahwe-Schalom* in dein Leben lässt, empfängst du mit ihm so viel mehr!

Mein lieber Freund, ich glaube von ganzem Herzen, dass der Herr heute zu dir über die Welt, in der wir leben, sprechen will. Wie schon Gideon mögen wir von negativen Nachrichten umgeben sein, Nachrichten über Krankheiten wie Ebola oder das Zika-Fieber, über Bombenanschläge, Amokläufe, Entführungen, Raketenangriffe oder tödliche Unfälle. Doch Gott hat die Probleme, denen wir in der heutigen Zeit gegenüberstehen, vorausgesehen, und deshalb sind sein Schutz und seine Bewahrung für uns allumfassend.

Gebet des Tages

Herr Jesus, danke, dass du deinem Frieden befohlen hast, mit mir zu sein, und dass du mir sagst, ich solle mich nicht fürchten. Danke, dass dein Friede mein ganzes Leben abdeckt – mein Wohlergehen, meine Gesundheit, mein Denken, mein Berufsleben und meine Beziehungen. Ich glaube, dass du die Probleme, mit denen ich konfrontiert sein würde, vorausgesehen hast, und dass dein Schutz und deine Bewahrung allumfassend sind. Amen.

Gedanke des Tages

Gott hat bereits jedes Problem vorausgesehen, mit dem ich heute konfrontiert sein werde. Er ist mein Friede und mein Schutz inmitten jeder Widrigkeit.

TAG 6

FÜRCHTE DICH NICHT

Fürchte dich nicht, denn ich bin mit dir; sei nicht ängstlich, denn ich bin dein Gott; ich stärke dich, ich helfe dir auch, ja, ich erhalte dich durch die rechte Hand meiner Gerechtigkeit!

JESAJA 41,10

Wenn Psalm 91 sagt, du sollst dich nicht vor »der Pest, die im Finstern schleicht« (EÜ) fürchten, ist damit jede Art von Seuche, jeder Virus, jede tödliche Erkrankung und jede massenhafte Verbreitung von Krankheitserregern gemeint. Weiter deckt die »Zerstörung, die am Mittag verwüstet« (NKJV), alle Unfälle und jede äußerliche Verwüstung ab. Wo vom »Pfeil, der am Tag dahinfliegt« (EÜ) die Rede ist, bezieht das alle Arten von Projektilen mit ein, einschließlich neuzeitlicher Fernlenkraketen, die Flugzeuge abschießen können.

Weißt du, was es bedeutet, wenn etwas »im Finstern schleicht«? Ärzte sagen dir vielleicht, sie wüssten nicht, welche Krankheit sich da in deinem Körper entwickelt. Doch als Gottes Kind kannst du seine Zusage umgehend für dich in Anspruch nehmen und sagen: »Ich werde mich *nicht* vor der Krankheit fürchten, die im Finstern schleicht.« Geh zu ärztlichen Untersuchungen, wenn nötig, und besprich dich mit Medizinern, aber tu es ohne Furcht. Tu es gemeinsam mit deinem *Jahwe-Schalom*. Wenn du Gott zu deinem *Jahwe-Schalom* machst, sagt er Folgendes zu dir: »Fürchte dich nicht, du wirst nicht sterben.«

Vor einigen Jahren gab es in meiner Heimat Singapur einen heftigen Ausbruch von SARS (Schweres Akutes Respiratorisches Syndrom). Eine junge Frau hatte sich im Ausland infiziert und bei ihrer

Rückkehr nach Singapur eine Welle von Ansteckungen in Gang gesetzt. Das tödliche SARS-Virus infizierte weitere 238 Menschen, von denen leider 33 starben. Neben Singapur berichteten zwanzig weitere Länder von Infektionen mit diesem Virus. Es handelte sich um eine globale Epidemie.

Eine schwere Wolke der Furcht hing während dieser Zeit über der ganzen Nation. Tag für Tag berichteten Nachrichtenquellen von weiteren Infektionen und Todesfällen. Es schien, als sei das Virus in seiner Verbreitung von Ort zu Ort unaufhaltbar. Äußerst treffend stellte ein Bericht fest, dass »die unmittelbarste Auswirkung dieser neuen Krankheit das Aufkommen von Furcht war. Die Menschen blieben vermehrt zu Hause und mieden öffentliche oder stark frequentierte Orte wie Schwimmbäder und Einkaufszentren. Vielen verging auch die Reiselust, sodass sie Urlaubspläne verschoben«.[13] Doch als Ortsgemeinde setzten wir unsere Gottesdienste fort, an denen während jener Zeit regelmäßig über 8000 Menschen teilnahmen.

Während dieser Zeit predigte ich verstärkt über das Gebet des Schutzes in Psalm 91, und die Gemeinde teilte sogar kleine Kärtchen mit diesem Psalm darauf aus, um so die Versammlungen dazu zu ermutigen, dieses Gebet täglich zu beten. Im Glauben predigte ich über *Jahwe-Schalom* und verkündete, dass für uns als Gemeinde inmitten dieser SARS-Epidemie das galt, was der Herr auch Gideon gesagt hatte: »Fürchte dich nicht, du wirst nicht sterben.« Dank Gottes erstaunlicher Gnade können wir die Güte des Herrn bezeugen: *Nicht eine einzige Person*, die regelmäßig an unseren Gottesdiensten teilnahm, starb an diesem tödlichen Virus. Halleluja!

Gebet des Tages

Vater im Himmel, danke, dass nichts, womit ich jemals konfrontiert sein werde, sich außerhalb der Grenzen deiner erstaunlichen Gnade und deines Schutzes befindet. Aufgrund der Autorität deines Wortes erkläre ich, dass nichts, was im Finstern schleicht, gegen mich bestehen kann und dass ich mich nicht fürchten werde. Amen.

Gedanke des Tages

Wohin ich auch gehe und was immer mir begegnet, sehe ich Jesus als meinen ***Jahwe-Schalom*** *und lebe ohne Furcht.*

TAG 7

DEM HERRN IST NICHTS ZU SCHWER

Siehe, ich bin der HERR, der Gott alles Fleisches!
Sollte mir irgendein Ding unmöglich sein?
JEREMIA 32,27 ELB

Hier ist ein weiteres kraftvolles Zeugnis, an dem ich euch teilhaben lassen möchte. Tracy aus Alaska erzählt darin, wie der Herr ihren Bruder von einer schweren Krankheit befreite, die ihn fast das Leben kostete:

Vor einigen Monaten erkrankte mein Bruder Shane in Laos am Guillain-Barré-Syndrom, einer ernstzunehmenden Autoimmunerkrankung, bei der das Immunsystem des Körpers das Nervensystem angreift. In mehreren Krankenhäusern, sowohl in Laos als auch in Thailand, wurde ihm die Behandlung verweigert. Man sagte ihm, die Krankheit sei bereits zu weit fortgeschritten und man könne nichts mehr für ihn tun. Endlich fand er im thailändischen Udon Thani ein staatliches Krankenhaus, das bereit war, ihn zur Behandlung stationär aufzunehmen. Doch während seines dortigen Aufenthalts traten weitere Komplikationen auf, wobei er sich mit drei verschiedenen Erregerstämmen infizierte, die eine Lungenentzündung verursachen, sowie auch mit dem MRSA-Erreger (Multi-resistenter Staphylococcus aureus).

Ich flog den weiten Weg von Amerika nach Udon Thani in Thailand und als ich Shane sah, blickte mir ein todgeweihter

Mann entgegen, fast vollständig gelähmt und an ein Beatmungsgerät angeschlossen. Er konnte lediglich seine Lippen und seinen Kopf ein wenig bewegen.

Ich sprach umgehend Gottes Schutz und Fürsorge über ihn aus und berief mich auf die Gnade und Barmherzigkeit Gottes, die uns retten würde. Achtundzwanzig Stunden nach meiner Ankunft wurde Shane per Lufttransport in ein Privatkrankenhaus in Bangkok, Thailand, verlegt. Dort wurde er sofort auf die Intensivstation gebracht. Bereits am zweiten Tag seines Aufenthalts war er wieder in der Lage, seine Arme zu bewegen.

Sein Zustand besserte sich so rasch, dass das Krankenhauspersonal und alle behandelnden Ärzte völlig überwältigt und von ehrfürchtigem Staunen erfüllt waren. Ich erzählte ihnen, dass es ein Wunder sei und dieses von Gott komme. Selbst meine Schwägerin, die nicht gläubig ist, konnte sehen, was Gott da tat und wollte diesen Jesus kennenlernen. Tatsächlich nahm sie noch dort im Krankenhaus Jesus in ihr Herz auf! Sie erfuhr während dieser Zeit so viel über Gottes Liebe, dass sogar ihre Angehörigen anfingen zu fragen: »Wer ist dieser Jesus?«

Am sechsten Tag nach seiner Einlieferung wurde Shane von der Intensivstation in ein Privatzimmer verlegt, wo sich sein Zustand weiter verbesserte. Es war nicht einfach für ihn, da er starke Schmerzen hatte und nachts oft nicht schlafen konnte, aber Gott war mit ihm auf jedem Schritt des Weges. Tagsüber legte ich ihm die Hände auf und betete über seinem Körper. Auch die Leute zu Hause in den USA beteten unablässig für ihn.

Es herrschte Krieg – es war ein Kampf, wie ich ihn mir nicht hätte vorstellen können. Ich verließ das Krankenzimmer nur selten und betete ohne Unterlass. Jeden Morgen unterhielten Shane und ich uns über den Herrn und darüber, was er uns lehrte. Ich las Shane auch einzelne Passagen aus Joseph Prince' Buch »Unverdiente Gunst« vor und ermutigte mich selbst im Herrn durch sein Wort und durch Josephs Buch.

Josephs Buch war eine Quelle der Kraft. Bevor Shane krank wurde, hatte ich Josephs tägliche Sendungen und seine Bücher verschlungen. Ich hatte während dieser Zeit so viel gelernt und das rüstete mich für diese Schlacht aus. Durch den Heilungsprozess meines Bruders lernte ich, mich auf Gott zu stützen und die Gewissheit zu haben, dass er gut ist und immer rettet. Heilung steht uns immer zur Verfügung – manchmal augenblicklich, manchmal auch fortschreitend, aber immer durch den zerschlagenen Körper und das Blut Jesu.

Obwohl die übliche Genesungsdauer bei dieser Erkrankung zwischen sechs Monaten und drei Jahren liegt, konnte Shane bereits nach einem Monat wieder laufen. Vier Monate später konnte er wieder Auto fahren und Gewichte von fast 150 Kilogramm stemmen. Und nach sechs Monaten nahm er seine Arbeit wieder vollzeitlich auf und wurde obendrein vollständig von Depressionen geheilt, etwas, womit er lange Zeit zu kämpfen gehabt hatte.

Danke, dass Sie der Botschaft der Gnade treu bleiben. Es geht allein um Jesus und sein VOLLBRACHTES Werk am Kreuz. Halleluja! Ich möchte Sie wissen lassen, dass Sie viel bewirken im Leben so vieler Menschen. Wir sind nur einige Wenige von Millionen, die von Ihrer Botschaft der Gnade und Wahrheit berührt wurden. Alle Ehre sei Gott!

Preis den Herrn! Wir müssen uns wahrhaftig nicht vor solchen Krankheiten fürchten, von denen nicht einmal die Ärzte wissen, wie sie zu behandeln sind, oder wie Psalm 91 es ausdrückt: »vor der Pest, die im Finstern schleicht«. Die Krankheit war »zu weit fortgeschritten« für Shanes Ärzte, aber sie war nicht zu weit fortgeschritten für den Herrn, der ihn rettete! Das Gleiche wird er für dich tun.

Gebet des Tages

Vater, es gibt keinen anderen Gott wie dich. Nichts ist dir zu schwer und keine Krankheit, kein Zustand, ist zu weit fortgeschritten für deine Rettung. Danke für den zerschlagenen Körper Jesu und für sein Blut, das mich vollständig heilt und rettet. Ich glaube, dass du auf jedem Schritt meines Weges und zu jeder Zeit meines Lebens bei mir bist. Amen.

Gedanke des Tages

Dank Jesus und seinem vollbrachten Werk am Kreuz gibt es nichts, aus dem der Herr mich nicht herausretten kann, weil es zu schwer oder zu weit fortgeschritten ist.

TAG 8

SEIN FRIEDE WIRD DEIN HERZ UND DEINE GEDANKEN BEWAHREN

Sorgt euch um nichts, sondern lasst in allen Lagen eure Bitten durch Gebet und Fürbitte mit Danksagung vor Gott laut werden. Und der Friede Gottes, der alles Verstehen übersteigt, wird eure Herzen und eure Gedanken bewahren in Christus Jesus.

PHILIPPER 4,6–7 ZÜB

Lieber Freund, rein menschlich gesehen gibt es eine Menge Gründe, weshalb wir uns fürchten könnten. Wir können uns vor Terroranschlägen fürchten. Wir können uns davor fürchten, krank zu werden oder uns mit einem Virus zu infizieren. Wir können Angst vor Zerstörung und Unfällen haben. Rund um die Uhr scheint es für uns berechtigte Gründe zu geben, von Furcht und Schrecken erfüllt zu sein.

Doch es gibt ein Reich, das über allem steht, was wir im Natürlichen sehen, und deshalb sage ich dir heute Folgendes: DU SOLLST DICH NICHT FÜRCHTEN. Furcht ist ein geistlicher Zustand, der nicht mit natürlichen Antworten bekämpft oder verstandesmäßig wegdiskutiert werden kann. Die Bibel sagt uns, dass die natürliche Denkweise geistliche Dinge nicht verstehen kann (siehe 1Kor 2,14).

Wie also kannst du ohne Furcht sein? Lade den Gott des Friedens dazu ein, in deinem Leben zu herrschen. Wenn du das tust, *wird* der dauerhafte Friede Gottes, der menschliches Denken weit übersteigt, dein Herz und deine Gedanken durch Christus Jesus bewahren.

Lieber Freund, wenn du dem Herrn Jesus erlaubst, deine Zuflucht und dein sicherer Unterschlupf zu sein, kannst du den Frieden empfangen, den er gibt. Höre, wie der Herr dir heute zuflüstert: »Was ich dir hinterlasse, ist mein Frieden. Ich gebe dir einen Frieden, wie die Welt ihn nicht geben kann. Lass dich nicht in Verwirrung bringen, hab keine Angst« (siehe Joh 14,27 NEÜ). Empfange seinen übernatürlichen Frieden, der weit über das hinausgeht, was dein logischer, eingeschränkter Verstand zu begreifen vermag. Empfange seinen übernatürlichen Frieden, der dein Herz bewahren und deine Gedanken wie ein Schutzwall umgeben wird. Und möge *Jahwe-Schalom* dein Herz erfüllen und dich dazu befreien, in diesen gefährlichen Zeiten furchtlos zu leben!

Gebet des Tages

Herr Jesus, danke, dass du mir deinen Frieden gibst, der menschliches Verstehen übersteigt und der mein Herz und meine Gedanken bewahrt. Ich lade dich dazu ein, in meinem Leben zu herrschen und meine Zuflucht und mein Ort zu sein, an dem ich mich verberge. Ich glaube, dass du mich dazu befreist, in gefährlichen Zeiten furchtlos zu leben. Amen.

Gedanke des Tages

Ich empfange den Frieden, den Jesus mir gibt, um mein Herz und meine Gedanken zu bewahren. Ich werde mich nicht fürchten, denn er ist meine Zuflucht und meine Festung, wo immer ich bin.

ABSCHNITT 6

ES WIRD DICH NICHT TREFFEN

Wenn auch tausend fallen zu deiner Seite
und zehntausend zu deiner Rechten,
so wird es doch dich nicht treffen.
Ja, du wirst es mit eigenen Augen sehen
und schauen, wie den Frevlern vergolten wird.
PSALM 91,7–8 LUT

TAG 1

DER KAMPF IST REAL

Wenn auch tausend fallen zu deiner Seite
und zehntausend zu deiner Rechten,
so wird es doch dich nicht treffen.
Ja, du wirst es mit eigenen Augen sehen
und schauen, wie den Frevlern vergolten wird.
PSALM 91,7–8 LUT

Stell dir vor, du befindest dich auf einem Schlachtfeld und rings um dich her werden Soldaten getötet. Auf der einen Seite siehst du tausend fallen. Auf der anderen Seite sacken zehntausend von ihnen, einer nach dem anderen, zu Boden. Du hörst von überallher Schreie, während Geschosse ihr Ziel finden.

Es ist ein verstörendes Bild und ich danke Gott, dass die Mehrzahl von uns die Schrecken einer kriegerischen Auseinandersetzung in einer Nahkampfzone nicht am eigenen Leib erfahren musste. Doch das bedeutet nicht, dass wir nicht angegriffen werden. Und es bedeutet auch nicht, dass wir nicht erleben, wie um uns herum der Tod seine Opfer fordert.

Wir werden tagtäglich aus allen Richtungen angegriffen – durch tragische Schlagzeilen, durch ärztliche Untersuchungsergebnisse und durch Anschläge, die der Teufel gegen uns ausführt. Und Tag für Tag lesen wir von Menschen, die durch Unfälle, Anschläge oder Krankheiten zu Tode kommen. Versteh bitte, dass ich damit keineswegs sagen will, dass diese Erfahrungen auch nur im Entferntesten dem entsprechen, was diejenigen durchleben, die Hauptleidtragende bewaffneter

Konflikte sind oder selbst an Kriegseinsätzen teilgenommen haben. Ich will damit nur herausstellen, dass wir uns als Gläubige in einem geistlichen Krieg befinden und uns den Taktiken des Feindes bewusst sein sollten.

Wenn der Feind dich angreift, erkennst du dann seine Kampfmittel? Die Geschosse, die er auf dich abfeuert, mögen keine Pfeilspitzen besitzen und auch nicht mit Schießpulver gefüllt sein – trotzdem sind sie nicht weniger tödlich. Seine Waffen haben die Form von lähmenden Gedanken und erdrückenden Ängsten. Wenn du von einem Flugzeugabsturz hörst und von dem Gedanken gelähmt wirst, dein nächster Flug könnte dein letzter sein, wurdest du von einem Geschoss getroffen. Wenn du von einer Schießerei während einer Konzertveranstaltung liest und nun Angst hast, dich auch nur in die Nähe einer solchen Veranstaltung zu begeben, weil dir womöglich das Gleiche widerfahren könnte, hat sich bereits ein »Projektil« in dein Denken gebohrt.

In diesem Abschnitt möchte ich dich lehren und dazu ausrüsten, diese bedrückenden Gedanken zu bekämpfen. Leider lassen viele Gläubige es zu, dass die düsteren Gedanken, die sie befallen, Wurzeln schlagen und sich weiter ausbreiten. Sie bewässern sie mit Sorge, düngen sie mit Angst und erlauben ihnen, sich in ihrem Denken stundenlang zu sonnen. Wie? Indem sie sich die schlechten Gedanken immer und immer wieder durch den Kopf gehen lassen, wie eine kaputte Schallplatte, die an einer Stelle hängen geblieben ist und immer dasselbe vor sich hin leiert. Als Ergebnis davon können diese Gläubigen keinen Schlaf finden, sie leiden an chronischen Panikattacken und entwickeln womöglich Autoimmunerkrankungen oder psychosomatische Leiden. Was im Denken beginnt, kann in deinem Herzen Wurzeln schlagen und sogar negative Auswirkungen auf deinen Körper haben. Wenn dich diese negativen Gedanken überkommen, darfst du ihnen *keine* Zeit geben, sich festzusetzen!

Gebet des Tages

Vater Gott, danke, dass du mir offenbarst, dass ich mich in einem geistlichen Kampf mit einem Feind befinde, den ich nicht sehen kann, der mich aber mit lähmenden Gedanken und erdrückenden Ängsten angreift. Danke für dein Wort, das mich lehrt und dazu ausrüstet, diese bedrückenden Gedanken zu bekämpfen. Hilf mir, mich auf deine Liebe und deine Verheißungen zu konzentrieren, sodass diese dunklen, negativen Gedanken sich in meinem Herzen nicht festsetzen. Amen.

Gedanke des Tages

Anstatt zuzulassen, dass die bedrückenden Gedanken des Feindes sich in meinem Herzen festsetzen, entscheide ich mich dafür, in Gottes Liebe zu mir und in seinen Verheißungen des Schutzes verwurzelt zu sein.

TAG 2

ES STEHT GESCHRIEBEN

Darauf sagte Jesus zu ihm: »Weg mit dir, Satan! Denn es heißt in der Schrift: ›Den Herrn, deinen Gott, sollst du anbeten; ihm allein sollst du dienen.‹«

MATTHÄUS 4,10 NGÜ

Die gestrige Andacht schloss mit meiner Anmerkung, dass du negativen Gedanken, wenn sie dich überkommen, *keine* Zeit geben darfst, sich in deinem Herzen festzusetzen! In diesem Zusammenhang sagt ein weises Sprichwort, dass du Vögel zwar nicht daran hindern kannst, über deinen Kopf zu fliegen, du sie aber ganz sicher daran hindern kannst, ein Nest auf deinem Kopf zu bauen. Wir können nicht verhindern, dass der Feind unser Denken angreift, aber wir können uns definitiv verteidigen – mit dem Schwert des Geistes, welches das Wort Gottes ist (siehe Eph 6,17). Gottes Wort ist unfehlbar, unerschütterlich und ewig gültig (siehe Jes 40,8; 1Petr 1,25). Unser Herr Jesus selbst zeigte uns, was zu tun ist, wenn wir vom Teufel angegriffen werden. Drei Mal wurde er in der Wüste von Satan versucht. Seine Reaktion war jedes Mal dieselbe – er zitierte das *geschriebene* Wort Gottes. Jedem Angriff begegnete er mit einem »Es steht geschrieben« (siehe Mt 4,1–11).

Ich kenne Gläubige, die sagen: »Gott hat zu mir gesprochen und gesagt, er wird dieses und jenes für mich tun.« Ich möchte dir dazu raten, nicht danach zu gehen, was der Herr deiner Meinung nach zu dir gesagt hat. Du kannst den Teufel nicht bekämpfen, indem du – losgelöst vom geschriebenen Wort – sagst: »Gott hat zu mir gesprochen.« Bitte verstehe, dass ich absolut nichts dagegen habe, dass Gott zu dir spricht, doch gegen den Feind und seine Angriffe mit einem »Gott hat zu mir gesprochen« anzugehen ist nicht das, was unser Herr Jesus tat.

Mein Freund, wenn du die Angriffe des Feindes abwehren möchtest, halte dich an das von unserem Herrn Jesus vorgegebene Muster. Mit der ersten Versuchung forderte der Teufel unseren Herrn Jesus dazu heraus, seine Identität zu beweisen, indem er sagte: »Wenn du Gottes Sohn bist, dann befiehl, dass diese Steine hier zu Brot werden!« (Mt 4,3 NGÜ). Findest du es nicht interessant, dass unser Herr Jesus sich nicht auf das verließ, was sein Vater hörbar vom Himmel aus am Ufer des Jordans über ihn gesagt hatte? Eine vom Himmel kommende Stimme hatte gesagt: »Dies ist mein geliebter Sohn, an ihm habe ich Freude« (Mt 3,17 NGÜ). Und dennoch verwies der Herr Satan nicht auf das gesprochene Wort Gottes. Immer und immer wieder erklärte er stattdessen: »Es steht geschrieben.« Wenn selbst der Sohn Gottes ein »Es steht geschrieben« benutzte, um den Teufel zu besiegen, wie viel mehr müssen dann du und ich so vorgehen.

Wenn Furcht dein Herz ergreift oder du von schlimmen Gedanken gequält wirst, *zitiere sein geschriebenes Wort*!

Gebet des Tages

Herr Jesus, danke, dass du mir zeigst, was zu tun ist, wenn ich vom Teufel angegriffen werde. Danke, dass du mir das Schwert deines Geistes gegeben hast, welches dein unfehlbares, unerschütterliches und ewig gültiges Wort ist, um damit jede Furcht und jeden bösen Gedanken zu besiegen. Ich glaube, dass dein Wort meine zuverlässige Verteidigung ist. Amen.

Gedanke des Tages

Wenn der Feind meinen Verstand mit Furcht und bösen Gedanken angreift, habe ich Gottes unfehlbares, unerschütterliches und ewig gültiges Wort, um es im Glauben über meine Situation auszusprechen.

TAG 3

WIE MAN DAS GESCHRIEBENE WORT ANWENDET

Aber die Gerechtigkeit aus dem Glauben spricht ... Aber was sagt sie? »Das Wort ist dir nahe, in deinem Munde und in deinem Herzen.« Dies ist das Wort vom Glauben, das wir predigen.

RÖMER 10,6.8 LUT

Lass mich dir Beispiele davon zeigen, wie du das geschriebene Wort gegen die Angriffe des Feindes einsetzen kannst. Nehmen wir an, du fährst eines Morgens zur Arbeit und hörst dabei im Radio einen Professor Folgendes sagen: »Eine von fünf Frauen wird bis zu ihrem vierzigsten Lebensjahr diese Krankheit entwickeln.« Jetzt ist der Moment gekommen, wo du sagen musst: »Es steht geschrieben – ›Denn er wird dich vor allen Gefahren bewahren *und* dich in Todesnot beschützen‹« (Ps 91,3 NLB). Wenn du das tust, richtest du damit einen Schild des Glaubens auf, und du setzt Kraft frei, indem du aussprichst, dass ungeachtet dessen, wovon die Welt berichtet, *dein* Gott dich vor jeder tödlichen Krankheit bewahren *wird*!

Hier ein weiteres Beispiel davon, wann und wie du das geschriebene Wort zitieren kannst. Angenommen, du wirst aus irgendeinem Grund von der wiederkehrenden Vorstellung gelähmt, dass du jung sterben wirst und dein Ehepartner und deine kleinen Kinder sich alleine durchs Leben schlagen müssen. Wieder ist das der Zeitpunkt, um das Wort Gottes gegen diese Ängste auszusprechen. Erkläre: »Es steht geschrieben – ›Ich will ihm ein langes Leben schenken und ihn meine Hilfe erfahren lassen‹« (Ps 91,16 NLB).

Vielleicht weißt du von einem Bekannten, der tödlich verunglückt ist. Und nun hast du Angst, dir könnte das Gleiche passieren. Mein Freund, soeben hat der Feind einen feurigen Pfeil auf dich abgeschossen. Wir wissen nicht, woran diese andere Person glaubte und wovon sie überzeugt war. Wir können nur für unsere eigenen Überzeugungen und unser eigenes Leben Verantwortung übernehmen. Vielleicht sind entfernte Verwandte oder engere Familienmitglieder alle an derselben Krankheit gestorben, und nun greift der Feind dich mit dem Gedanken an, dass du, wie schon dein Vater oder Onkel, an Diabetes erkranken oder an demselben Herzleiden sterben wirst.

Mein Freund, wenn du Gedanken dieser Art gehegt hast, ist es JETZT an der Zeit, aufzustehen und Folgendes auszusprechen: Wenn auch tausend fallen zu meiner Seite und zehntausend zu meiner Rechten, so wird es doch mich NICHT treffen (siehe Ps 91,7 LUT). Damit etwas *zu deiner Rechten* geschehen kann, muss es dir schon sehr nahe kommen. Wenn also jemandem, der dir nahesteht, etwas Bedauerliches zustößt, lass nicht zu, dass dich die Furcht in ihrem lähmenden Griff gefangen hält. Sprich das geschriebene Wort Gottes aus!

Gebet des Tages

Himmlischer Vater, danke, dass du mir dein geschriebenes Wort gegeben hast, um es als ein Schild des Glaubens aufzurichten und Kraft freizusetzen, um jede Angst und jede Lügenmeldung der Welt zu besiegen. Hilf mir, mich selbst mit den Wahrheiten aus deinem Wort auszurüsten, die mein Herz in deinem Frieden verankern und mich dazu befähigen werden, Sieg über die Angriffe des Feindes zu erlangen. Amen.

Gedanke des Tages

Ungeachtet dessen, was die Meldungen der Welt sagen, werde ich das geschriebene Wort Gottes aussprechen und seine Kraft gegen jeden Angriff des Feindes freisetzen.

TAG 4

SPRICH DAS WORT

Doch haben wir den gleichen Geist des Glaubens, von dem es in der Schrift heißt: Ich habe geglaubt, darum habe ich geredet. Auch wir glauben und darum reden wir.

2. KORINTHER 4,13 EU

Lieber Freund, es reicht nicht, das Wort lediglich in deinem Herzen zu *kennen*. Du musst es auch *aussprechen*. Erst dann wird die verborgene Kraft zu einer aktiv wirksamen Kraft. Als unser Herr Jesus in der Wüste versucht wurde, dachte er über die Schrift nicht nur nach, er sprach die Schriftstellen auch laut aus. Du kannst tausende Bibelverse auswendig lernen, doch wenn du nicht lernst, »Es steht geschrieben« zu sagen und das Wort freizusetzen, wirst du die Kraft des Wortes nicht erleben. Gottes Kraft ist zwar vorhanden, aber sie schlummert dann nur in dir. In dem Moment, in dem du das Wort aussprichst, ist es so, als spräche Gott. Gottes Wort in *deinem* Mund ist, als würde Gott selbst sprechen. Amen!

Furcht kann man nicht durch vernünftige Argumente oder logische Betrachtung loswerden. Furcht ist irrational. Manche Ängste kommen in dein Leben und du denkst: *Komm schon, wie wahrscheinlich ist es, dass das passiert?* oder: *Es ist so albern, sich davor zu fürchten.* Doch ist dir schon aufgefallen, dass diese Ängste dich trotzdem weiter verfolgen? Wir befinden uns in einem Krieg, mein Freund, und Furcht kannst du nur auf eine Weise erfolgreich besiegen, und zwar indem du deiner Furcht gegenüber das Wort Gottes aussprichst und sagst: »Es steht geschrieben.«

Es steht geschrieben – »Denn Gott hat uns nicht einen Geist der Furcht gegeben, sondern einen Geist der Kraft, der Liebe und der Besonnenheit« (2Tim 1,7 NLB).

Ich möchte, dass du dir das einprägst. Dieser Bibelvers steckt voller Kraft.

Und nun sprich es gemeinsam mit mir laut aus: »Es steht geschrieben – ›Denn Gott hat uns nicht einen Geist der Furcht gegeben, sondern einen Geist der Kraft, der Liebe und der Besonnenheit.‹« Spürst du die Kraft, die in diesen laut ausgesprochenen Worten liegt?

Es ist die Wahrheit: Gott hat uns nicht einen Geist der Furcht gegeben, sondern einen Geist der *Kraft*, der *Liebe* und der *Besonnenheit*. Es spielt keine Rolle, mit welchen Ängsten du dich herumschlägst – der Angst vor dem Älterwerden, der Angst, diese oder jene Krankheit zu bekommen, der Furcht vor dem Verlust deines Arbeitsplatzes, Versagensängste. Welche Furcht dich auch befallen haben mag, sprich aus: »Es steht geschrieben«.

Was, wenn die Furcht zurückkehrt? Dann sag es noch einmal! Manchmal, wenn es meine Situation erfordert, spreche ich morgens, nachmittags und abends Schriftstellen aus. Wann immer die Furcht zurückkehrt, spreche ich Gottes Wort aus. Wenn der Teufel auf eine Schlacht aus ist, dann liefere sie ihm! Lass ihn das Schwert des Geistes sehen und er wird jedes Mal zu *spüren* bekommen, was Sache ist. Es gibt viele Bibelstellen, die du dir einprägen kannst. Schreibe dir die Bibelverse auf, die den Bereich deiner Nöte abdecken, und bewaffne dich mit ihnen!

Gebet des Tages

Vater, danke für die Kraft deines Wortes, die in meiner Situation freigesetzt wird, wenn ich dein Wort spreche. Danke, dass du mir einen Geist der Kraft, der Liebe und der Besonnenheit gegeben hast. Hilf mir, mehr von deinem Wort und deinen Verheißungen tief in mein Herz hinein zu bringen und sie mutig gegen den Feind und seine Angriffe auszusprechen. Amen.

Gedanke des Tages

Wenn ich das geschriebene Wort Gottes spreche, setze ich die Kraft Gottes in meiner Situation frei.

TAG 5

SETZE GOTTES KRAFT IN DEINER SITUATION FREI

Denn wie er ist, sind auch wir in dieser Welt.

1. JOHANNES 4,17 ELB

Lass mich dir erzählen, wie Megan, eine kostbare Dame aus dem US-Bundesstaat Minnesota, gegen ihre Ängste anging, indem sie in dem Bereich ihrer Not Gottes Wort aussprach, und so erlebte, wie die Kraft Gottes in ihrer Situation freigesetzt wurde. Hier erzählt sie ihre Geschichte mit eigenen Worten:

Bei mir wurde Kehlkopf- und Halskrebs festgestellt. Nach einer Reihe von Behandlungen erholte ich mich und Tests zeigten, dass der Krebs verschwunden war. Doch zwei Jahre später fanden die Ärzte erneut eine Wucherung in meinem Rachen. Zu der Zeit hatte ich begonnen, die Fernsehsendungen von Joseph Prince zu verfolgen. Er erzählte von dem Zeugnis einer Frau, die 1. Johannes 4,17 für sich in Anspruch genommen hatte – »gleichwie Er ist, so sind auch wir in dieser Welt« – und letztendlich keinerlei chirurgischen Eingriff benötigte.

Also nahm auch ich diese Schriftstelle für mich in Anspruch. Mein erster Gedanke war, nachdem ich die Diagnose des Arztes mitgeteilt bekam: »Wie Jesus ist, so bin auch ich in dieser Welt. Und da er keinen Krebs hat, habe auch ich keinen.«

Während der darauffolgenden Tage versuchte die Furcht, in meine Gedanken zu dringen, da man mir gesagt hatte, es könnte sich erneut um Krebs handeln, doch ich glaubte und sprach weiter 1. Johannes 4,17 aus. Man riet mir zu einer Biopsie und sagte mir auch, dass eine Entfernung beider Mandeln notwendig sei.

Während ich für die Operation vorbereitet wurde, fragte man mich, ob ich noch irgendetwas sagen wolle. Ich antwortete: »Ja. Wenn die Chirurgin hereinkommt, um mit der Operation zu beginnen, wird sie sagen, dass der Eingriff nicht notwendig ist, weil kein Krebs vorhanden ist.«

Und genau so geschah es! Die Mandeloperation wurde abgesagt, weil die Biopsie zeigte, dass ich keinen Krebs hatte! Als mir die gute Nachricht mitgeteilt wurde, lächelte ich und sagte: »Danke, Jesus!«

Ich besitze Ihr Buch »100 Tage der Gunst«, das auf einer Seite auch über 1. Johannes 4,17 lehrt. An dieser Stelle habe ich ein Lesezeichen eingelegt und ich lese diese Seite häufig.

Ich werde durch das Evangelium der Gnade mehr und mehr befreit. Ich danke Ihnen, Pastor Prince!

Preis dem Herrn – welch ein großartiges Zeugnis der Kraft des geschriebenen Wortes, die durch unseren Mund freigesetzt wird! Lieber Freund, was der Herr für Megan tat, kann und wird er auch für dich tun!

Gebet des Tages

Herr Jesus, danke, dass dein Wort feststellt, dass so, wie du bist, auch ich in dieser Welt bin. Danke, dass so, wie du voller Friede, Gesundheit und Kraft bist, auch ich es in dieser Welt bin. Ich erkläre, dass dein Wort in jeder Not meines Lebens Gültigkeit hat. Amen.

Gedanke des Tages

Ich werde Gottes Wort aussprechen und mich darauf stellen, dass so, wie Jesus ist, auch ich in dieser Welt bin.

TAG 6

DIE KRAFT DES GESCHRIEBENEN WORTES

Denn ich schäme mich des Evangeliums von Christus nicht; denn es ist Gottes Kraft zur Errettung für jeden, der glaubt, zuerst für den Juden, dann auch für den Griechen.

RÖMER 1,16

Vor einigen Jahren reiste ich mit meinen Pastoren nach Israel, wo wir einem jüdischen Gläubigen vorgestellt wurden, der unser Reiseführer wurde. Dieser Mann, der glaubt, dass Jesus der Messias ist, ließ uns an einem unglaublichen Zeugnis teilhaben. Er hatte während des vierten arabisch-israelischen Krieges im Jahr 1973 als Fallschirmjäger bei den Israelischen Verteidigungsstreitkräften gedient. Er erzählte uns, wie Israel von dem koordinierten Angriff überrascht wurde, den ägyptische und syrische Truppen gegen Israel ausführten, und zwar an Jom Kippur, dem Versöhnungstag, der zugleich der heiligste Tag im jüdischen Kalender ist. Israels Feinden gelang es, einzufallen und einen breiten Streifen Land einzunehmen, bevor Israel überhaupt realisierte, dass es angegriffen wurde. Möglich gemacht wurde diese Landeinnahme durch die Tatsache, dass viele Soldaten nicht auf ihren Posten waren, weil sie den Versöhnungstag einhielten. Als man von diesem Angriff endlich Kenntnis hatte, wurde sofort Alarm ausgelöst. Der Zug, zu dem auch unser Reiseführer gehörte, erhielt den Befehl, in Feindesland vorzudringen.

In diesem Zug waren auch fünf Soldaten, die unseren Reiseführer schon vor dem Krieg wegen seiner Überzeugungen verhöhnt und verfolgt hatten. Sie sagten ihm, er verrate sein eigenes Volk und sei es nicht länger wert, ein Jude genannt zu werden, weil er Jesus Christus als Messias angenommen habe. Daraufhin erwiderte er Folgendes: Sollte mein Gott nicht real sein, werdet ihr Zeugen meines Todes werden. Doch falls Jesus der Herr ist, werdet ihr sehen, wie mir wundersame Dinge widerfahren, direkt vor euren Augen.

Unser Reiseführer beschrieb als Nächstes, wie sie während des Jom-Kippur-Krieges in ein bewaldetes Gebiet vordrangen und plötzlich ohne Vorwarnung ins Kreuzfeuer gerieten. Sie waren dem Feind regelrecht in die Falle gegangen. Der Zugführer, der direkt vor ihm war, wurde als erster getroffen – durch einen Kopfschuss, der ihn jäh zu Boden streckte. Als zweiter Mann im Zug übernahm unser Reiseführer sofort das Kommando. Während er eine Salve aus seinem Gewehr abgab, rief er einigen seiner Männer zu, sich die linke Seite vorzunehmen, und eine andere Gruppe wies er an, zwischen einige Felsbrocken zu feuern, die in anderer Richtung lagen. Doch es kam keine Reaktion von seinen Leuten. Als er sich zu ihnen umdrehte, sah er, dass hinter ihm niemand war.

Die Männer seines Zuges waren allesamt in einen Graben gehechtet und er war der Einzige, der noch ohne Deckung dastand. Er ging auf den Graben zu und spähte hinein. Einer der Männer gab ihm Zeichen, er solle zu ihnen in den Graben springen. Dabei schrie er: »Komm schon, du stirbst sonst! Du wirst sterben!« Unser Reiseführer achtete nicht auf die Rufe. Stattdessen brüllte er: »Raus mit euch und kämpft! Kommt hierher und kämpft!«

Während er da stand, bemerkte er plötzlich, dass Maschinengewehrgeschosse überall durch die Luft flogen – so viele davon zischten vor, hinter und neben ihm vorbei, dass sie wie ein Schwarm von Bienen klangen, die um seinen Kopf summten. Seine Zugkameraden, einschließlich der fünf, die ihn ständig gequält hatten, starrten von Ehrfurcht ergriffen zu ihm hoch. Dann wurde ihm klar, was ihm da widerfuhr – inmitten schweren Maschinengewehrfeuers beschützte ihn der Herr. Er stand ohne Deckung im Freien, während die anderen vor Furcht zitternd in diesem Graben kauerten. Rund um ihn herum fielen die Blätter von den Bäumen, weil Geschosse unablässig in die Baumstämme schlugen. Doch nicht ein einziges Geschoss berührte ihn. Er blickte hinunter und brüllte sie an: »Mit euren eigenen Augen seht ihr es! Und, glaubt ihr *jetzt*?«

Nicht ein einziges Geschoss traf ihn. Ist das nicht erstaunlich?

Unser Reiseführer erzählte uns, dass er in einer kleinen Kirchengemeinde aufgewachsen war. An der Kanzel, die vorne im Altarbereich stand, war an der Vorderseite eine Tafel angebracht, die er als Kind immer ansah, sobald die Predigt ihn zu langweilen begann. Er las die Worte auf dieser Tafel immer und immer wieder, bis sie seinen Geist erreichten und er sie glaubte. Diese Worte lauteten: »Wenn auch tausend fallen zu deiner Seite und zehntausend zu deiner Rechten, so wird es doch dich *nicht* treffen.«

Er wuchs in dem Glauben auf, dass ungeachtet dessen, wer um ihn herum fallen würde, es ihm doch nie widerfahren würde. Tatsächlich erzählte er uns, dass er, während ihm die Geschosse um die Ohren flogen, nicht einen Moment lang befürchtete, eines dieser Geschosse könnte ihn treffen.

Ich bete, dass die Bibelstelle, über die unser Reiseführer nachsann, dein Herz bewahren und dich auf Christus ausgerichtet und im Glauben halten wird. Wie die Gefahr auch aussehen mag, *so wird sie doch dich nicht treffen!* Lass dich von seiner Zusage stärken und fange noch heute an, in der Kraft und Autorität von Gottes Wort zu leben.

Gebet des Tages

Vater Gott, danke, dass egal, was andere sagen oder was ich sehe und höre, dein Wort wahr ist. Ich werde mich darauf stellen. Danke, dass deine wunderwirkende Kraft sich zeigt, wenn ich dein Wort glaube und es ausspreche. Ich erkläre, dass jede Art von Gefahr, seien es Krankheit, Katastrophen oder Terroranschläge, mich und meine Familie nicht treffen werden. Amen.

Gedanke des Tages

Ich verkünde die Verheißungen von Psalm 91 und fülle mein Herz mit ihnen, und ich lebe in der Kraft und Autorität von Gottes Wort.

TAG 7

STELLE DICH AUF GOTTES VERHEISSUNGEN

Alles, was zum Leben und zur Frömmigkeit dient, hat uns seine göttliche Kraft geschenkt durch die Erkenntnis dessen, der uns berufen hat durch seine Herrlichkeit und Kraft. Durch sie sind uns die kostbaren und allergrößten Verheißungen geschenkt, damit ihr durch sie Anteil bekommt an der göttlichen Natur, wenn ihr der Vergänglichkeit entflieht, die durch Begierde in der Welt ist.

2. PETRUS 1,3–4 LUT

In der gestrigen Andacht erzählte ich die Geschichte, wie unser jüdischer Reiseführer in Israel während des vierten arabisch-israelischen Krieges im Jahr 1973 auf übernatürliche Weise beschützt wurde. Er wuchs auf im Glauben an dieses geschriebene Wort: »Wenn auch tausend fallen zu deiner Seite und zehntausend zu deiner Rechten, so wird es doch dich nicht treffen.«

Im Gegensatz dazu erzählte er uns von einem Kameraden, der gemeinsam mit ihm die israelische Militärakademie absolviert hatte. Während des Jom-Kippur-Krieges sagte sein Freund ihm Folgendes: »Ich habe so eine Ahnung, dass ich den Krieg nicht überleben werde. Ich spüre einfach, dass ich in diesem Krieg sterben werde.« Obwohl unser Reiseführer ihm sagte, er solle solche Dinge nicht sagen, fuhr sein Freund damit fort. Er glaubte genauso fest daran, dass er in diesem Krieg sterben würde, wie unser Reiseführer das Gegenteil für sich glaubte. Traurigerweise wurde sein Freund tatsächlich während des Krieges getötet.

Der Teufel ist bekannt als »Ankläger der Brüder« (siehe Offb 12,10). Er wird immer versuchen, dich mit dir selbst und deiner Furcht beschäftigt zu halten. Gott hingegen möchte, dass du glaubst und mit Christus beschäftigt bist! Du hast vielleicht einen gleichaltrigen Freund, der überraschend an einer Krankheit gestorben ist, obwohl er gesünder erschien als du. Der Teufel wird versuchen, die Furcht in dein Herz zu säen, dass du der Nächste bist. Inzwischen weißt du, was zu tun ist. Hebe deinen Schild des Glaubens hoch und erkläre: »Es steht geschrieben – ›Wenn auch tausend fallen zu deiner Seite und zehntausend zu deiner Rechten, so wird es doch dich nicht treffen.‹« Was immer dieses »es« sein mag – Krebs oder andere Krankheiten, Unfälle, Terroranschläge –, es wird dich nicht treffen! Wenn du ein Flugzeug besteigst, kann dieses Flugzeug nichts anderes tun, als sicher zu landen, weil DU an Bord bist. Amen!

Lieber Freund, der Herr Jesus opferte sein Leben am Kreuz, damit du dich auf seine Verheißungen stellen und sie für *dein* Leben in Anspruch nehmen kannst. Sie sind allesamt voll bezahlt mit dem Blut Jesu, und der Vater wird dafür sorgen, dass du auch in ihren Genuss kommst! Wenn du nicht weißt, welche seiner Zusagen du für dich in Anspruch nehmen kannst, ermutige ich dich, mit jenen zu beginnen, die in Psalm 91 aufgelistet sind. Lerne Psalm 91 auswendig und wenn du angegriffen wirst, zitiere ihn so, wie unser Herr Jesus Schriftstellen zitierte. Sinne über Psalm 91 nach und lass dich von diesem Gebet des Schutzes bestärken. Es liegt so viel Kraft und Vollmacht darin, wenn das reine und unverfälschte geschriebene Wort Gottes ausgesprochen wird, und ich lade dich dazu ein, noch heute damit zu beginnen, in dieser Kraft und Vollmacht zu leben!

Gebet des Tages

Vater im Himmel, danke, dass du mir deine überaus großartigen und kostbaren Verheißungen gibst, auf die ich mich stellen und die ich für mein Leben beanspruchen kann. Danke, dass ich über Psalm 91 nachsinnen und – als Gebet des Schutzes – durch ihn gestärkt werden kann. Ich stelle mich auf deine Verheißungen und lebe in der Kraft und Autorität deines Wortes. Amen.

Gedanke des Tages

Mir sind die überaus großartigen und kostbaren Verheißungen Gottes gegeben worden, damit ich mich auf sie stelle, und ich werde in der Kraft und Autorität seines Wortes leben, indem ich es ausspreche.

ABSCHNITT 7

WOHNE SICHER IN CHRISTUS, DEINER ZUFLUCHT

Du sagst: »Der Herr ist meine Zuflucht.« Beim höchsten Gott hast du Schutz gefunden. Darum wird dir nichts Böses geschehen, kein Unheil darf dein Haus bedrohen.

PSALM 91,9–10 GNB

TAG 1

DIR WIRD NICHTS BÖSES GESCHEHEN

Du sagst: »Der Herr ist meine Zuflucht.« Beim höchsten Gott hast du Schutz gefunden. Darum wird dir nichts Böses geschehen, kein Unheil darf dein Haus bedrohen.

PSALM 91,9–10 GNB

Während meiner Schulzeit nahm ich eine Teilzeitstelle in einer Fabrik an, die Kühlschränke herstellte. Wie jeder andere Teenager wollte auch ich etwas Extrageld verdienen. Es war keine komplizierte Tätigkeit. Ich stand am Fließband und musste nichts weiter tun, als an der Rückseite der Kühlschränke mit einer Elektrobohrmaschine jeweils ein Loch für die sichere Befestigung des Kondensators zu bohren. Ich ließ den ganzen Tag lang den Bohrer surren und verdiente mir so mein Geld.

Zu jener Zeit trug ich ständig ein kleines Büchlein mit mir herum. Es enthielt Bibelverse zum Auswendiglernen. Dreimal täglich las ich darin und sprach dabei das Wort Gottes laut aus. Besonders einen Vers aus Psalm 91 bekannte ich damals täglich: »Darum wird dir nichts Böses geschehen, kein Unheil darf dein Haus bedrohen« (Ps 91,10 GNB). Es war mein tägliches Bekenntnis, bevor ich das Haus verließ, um zur Arbeit zu gehen. Und während der Pausenzeiten sahen meine Kollegen mich für gewöhnlich in einer Ecke sitzen und diesen Vers aussprechen. Für mich war es eine kraftvolle Offenbarung, und ich wollte sein Wort, insbesondere diese Wahrheit über Gottes Schutz, fest in meinem Herzen verankern.

Eines Tages, während ich gerade einen weiteren Kühlschrank bearbeitete, verlor ich die Kontrolle über die Bohrmaschine. Irgendwie rutschte sie mir so aus den Händen, dass der Bohrer genau auf meine Magengegend zielte. Alles geschah sehr schnell. Der Bohrer drehte sich mit voller Drehzahl, berührte meinen Bauch … und prallte einfach ab. Einige der Arbeiter, die sahen, was passiert war, liefen voller Sorge um mich herbei. Erst in diesem Moment wurde mir bewusst, dass ich völlig unverletzt war!

Das Einzige, was mir in diesem Moment in den Sinn kam, war die Schriftstelle, über die ich nachgesonnen hatte. An jenem Tag wurde der Vers »Darum wird dir nichts Böses geschehen, kein Unheil darf dein Haus bedrohen« lebendig für mich. Ich danke dem Herrn für seine göttliche Bewahrung meines Lebens in meiner Teenagerzeit. Unseren wunderbaren und großartigen Erretter muss man einfach lieben! Ich glaube, dass auch du erleben wirst, wie seine rettende und befreiende Kraft für dich wirksam wird, wenn du über seine Verheißungen in seinem Wort nachsinnst und sie aussprichst.

Gebet des Tages

Herr Jesus, danke dafür, dass du meine Zuflucht und meine Wohnstätte bist. Ich erkläre, dass ich unter deine schützenden Flügel komme und mir dort nichts Böses geschehen und kein Unheil mein Haus bedrohen wird. Ich ruhe in deiner wunderbaren Liebe. Amen.

Gedanke des Tages

Weil ich den Herrn zu meiner Zuflucht und Wohnstätte gemacht habe, wird mir nichts Böses geschehen und kein Unheil mein Haus bedrohen.

TAG 2

JESUS, UNSERE ZUFLUCHTSSTADT

Jesus aber sprach: Vater, vergib ihnen!
Denn sie wissen nicht, was sie tun.
LUKAS 23,34 ELB

Es gibt eine lehrreiche Geschichte im Alten Testament über Zufluchtsstädte, die dich, wie ich glaube, ermutigen wird, den Herrn zu deiner Zuflucht und deinem Beschützer zu machen und zu ihm zu laufen.

Der Herr trug Josua auf, sechs Städte als Zufluchtsstädte zu benennen, sobald die Kinder Israels das Land Kanaan betreten haben würden. Wenn zur damaligen Zeit jemand eine Person unabsichtlich tötete, hatte der nächste Verwandte des Verstorbenen das Recht, ihn zu rächen. Das klingt ziemlich krass, oder? Aber so war es eben. Barmherzig wie Gott ist, bestimmte er jedoch sechs Städte, über die er Folgendes sagte: »Sie sollen demjenigen Schutz bieten, der aus Versehen, ohne Vorsatz, einen Menschen getötet hat. An diesen Orten ist er vor dem Bluträcher sicher« (Jos 20,3 NEÜ).

Diese Zufluchtsstädte waren für Menschen bestimmt, die versehentlich einen Totschlag begangen hatten, nicht für solche, die einen vorsätzlichen Mord begingen. 5. Mose 19 hat dazu eine Erklärung: »Gemeint ist einer, der unabsichtlich zum Mörder wurde und seinen Nächsten nicht schon vorher hasste. … In diesem Fall kann der Totschläger in eine dieser Städte fliehen, um sein Leben zu retten« (5Mo 19,4–5 NEÜ).

Diese sechs Städte sind zugleich ein wunderschönes Bild unseres Herrn Jesus, das verborgen wurde, um von uns enthüllt zu werden. Es besteht aus Schattenbildern, die auf die greifbare Wirklichkeit hinweisen – auf unseren Herrn und Erlöser, Jesus Christus. Im Alten Testament ist er verborgen. Im Neuen Testament ist er offenbart.

Am Kreuz ordnete unser Herr Jesus alle Sünden, einschließlich der Sünde, ihn zu kreuzigen, der Kategorie »unabsichtlich« zu, als er betete: »Vater, vergib ihnen, denn sie wissen nicht, was sie tun« (Lk 23,34). Er bezog sich dabei nicht nur auf Israel oder die Römer; Jesus nagelte auch jede *unserer* Sünden ans Kreuz. Er wählte die Nägel und bot uns vollständige Vergebung an. Kannst du erkennen, wie gut und barmherzig unser Gott ist?

Wenn du heute den Namen Jesu anrufst, hast du das Recht, zu ihm zu laufen und ihn als deine Zufluchtsstadt in Anspruch zu nehmen. Jesus ist deine Zufluchtsstadt, und wenn du bei ihm Zuflucht suchst, hat derjenige, der auf Rache sinnt (ein Bild für den Teufel), keine Macht mehr über dich. Mein Freund, wir alle sind Sünder, und der Lohn der Sünde ist der Tod (siehe Röm 6,23). Vor dem Kreuz hatte der Teufel wegen deiner Sünden das Recht, über dich die Todesstrafe zu verhängen. Doch die gute Nachricht des Evangeliums lautet, dass Jesus diese Todesstrafe am Kreuz auf sich genommen hat und wir in Christus seine Vergebung und seinen Schutz empfangen können. Halleluja!

Gebet des Tages

Herr Jesus, ich rufe deinen Namen an und danke dir, dass meine Familie und ich dich zu unserer Zufluchtsstadt machen können. Danke, dass des Teufels Recht, die Todesstrafe über mich zu verhängen, ausgelöscht wurde, als du alle meine Sünden am Kreuz auf dich nahmst. Ich erkläre, dass ich deine Vergebung erhalten habe und die Freiheit, deinen Schutz zu genießen. Amen.

Gedanke des Tages

Weil Jesus meine Zufluchtsstadt ist,
habe ich seine Vergebung erhalten
und darf rechtmäßig unter seinem Schutz leben.

TAG 3

DER GUTE HIRTE

Er wird seine Herde weiden wie ein Hirte: Die Lämmer wird er im Arm tragen und sie auf seinem Schoß halten, die Mutterschafe wird er freundlich leiten.

JESAJA 40,11 NLB

Ich möchte dir zeigen, dass es in der Bibel keine unbedeutenden Details gibt, indem ich Wahrheiten enthülle, die in den Namen der sechs Schutzstädte verborgen liegen. Lies gemeinsam mit mir und lass uns sehen, was der Herr für uns hat: »Man wählte also **Kedesch** in Galiläa, im Gebirge Naftali, aus, ferner **Sichem** im Gebirge Efraim und **Kirjat-Arba**, das ist Hebron, im Gebirge Juda. Jenseits des Jordan [östlich von Jericho] bestimmte man **Bezer** in der Steppe, in der Ebene, vom Stamm Ruben, **Ramot** in Gilead vom Stamm Gad und **Golan** im Baschan vom Stamm Manasse« (Josua 20,7–8 EÜ).

Lass mich dir die Bedeutung der Städtenamen in der Reihenfolge nennen, in der sie aufgeführt sind. *Kedesch* bedeutet »heilige Stätte« oder »Zufluchtsort«.[14] In den Zufluchtsstädten suchten die Menschen Zuflucht in den Heiligtümern. Dann folgt *Sichem*, was »Schulter«[15] bedeutet. Sichem ist, nebenbei bemerkt, der Ort an dem sich Jakobs Quelle befindet. Unser Herr Jesus traf die Frau am Brunnen von Sichem. Josef wurde in Sichem begraben und seine Grabstätte ist auch heute noch dort vorhanden. Als Nächstes haben wir *Kirjat-Arba*, oder auch *Hebron*. Hebron bedeutet »Freundschaft« oder »Gemeinschaft«[16] und ist zugleich der Ort, an dem Abraham und Sarah begraben wurden. Dann, auf der Ostseite des Jordans, haben wir *Bezer*, was »Festung«[17] bedeutet, gefolgt von *Ramot*, was »Höhen« oder »hoch erhoben«[18] heißt. Wir schließen mit *Golan*, was »freuen« oder »Freude« bedeutet.[19]

Fügen wir nun diese Namen zusammen, um die darin enthaltene Botschaft an uns zu entdecken: Du findest Zuflucht (Kedesch) auf den starken Schultern des Herrn (Sichem), die er dir in der Gemeinschaft mit ihm bietet (Hebron). Er ist deine Festung (Bezer) und er hebt uns hoch hinauf (Ramot) über alle unsere Schwierigkeiten mit großer Freude (Golan).

Halleluja, dem Namen über alle Namen gehören alles Lob und alle Ehre! Diese sechs Namen zeichnen ein überwältigendes Bild von unserem Herrn Jesus, der sich zu uns hinunterbeugt und uns seine starken Schultern anbietet, wenn wir angstvoll und erschöpft sind. Welch ein wunderschönes Bild des guten Hirten, der sein verlorenes Schaf rettet!

Lieber Freund, wenn wir versagt haben und von den Kämpfen des Lebens völlig ausgelaugt sind, bietet er uns seine Schultern der Gemeinschaft an. Er ist unser Zufluchtsort. Er ist unsere heilige Stätte, an der wir von der Welt ausgesondert sind. Wenn wir auf seinen Wunsch nach Gemeinschaft reagieren und auf seine breiten Schultern klettern, hebt er uns hoch.

Gebet des Tages

Lieber Herr Jesus, danke, dass du mein guter Hirte bist und auf deinen starken Schultern und in der Gemeinschaft mit dir einen Zufluchtsort finden kann. Danke, dass du meine Festung bist und meine heilige Stätte, und dass du mich hoch hinauf über alle meine Schwierigkeiten hebst. Ich freue mich sehr, dass du mich als mein Hirte führst, beschützt und hoch auf deine Schulter nimmst, wenn ich erschöpft und schwach bin. Amen.

Gedanke des Tages

Ich kann auf den starken Schultern meines guten Hirten und in der vertrauten Gemeinschaft mit ihm Zuflucht finden. Er hebt mich mit großer Freude hoch hinauf über alle meine Schwierigkeiten.

TAG 4

WILLIGE EIN, GERETTET ZU WERDEN

»Stellt euch vor, einer von euch hätte hundert Schafe und eins davon geht verloren, was wird er tun? Lässt er nicht die neunundneunzig in der Steppe zurück, um das verlorene Schaf so lange zu suchen, bis er es gefunden hat? Wenn er es dann findet, nimmt er es voller Freude auf seine Schultern und trägt es nach Hause. Dort angekommen ruft er seine Freunde und Nachbarn zusammen: ›Freut euch mit mir, ich habe mein verlorenes Schaf wiedergefunden!‹«

LUKAS 15,4–6 HFA

Erinnerst du dich an das Gleichnis des verlorenen Schafes, das Jesus in Lukas 15 erzählte? Als der Hirte das verlorene Schaf fand, hob er es hoch und legte es sich auf seine starken Schultern. Was tat das Schaf? Nichts. Es willigte einfach ein, von dem Hirten gerettet zu werden. Jesus nennt diese Einwilligung seitens des Schafes »Umkehr« – »Genauso wird im Himmel mehr Freude sein über einen einzigen Sünder, der **umkehrt**, als über neunundneunzig Gerechte, die es nicht nötig haben **umzukehren**« (Lk 15,7 NGÜ).

Hierzu lädt Gott uns heute ein – einzuwilligen, von ihm beschützt zu werden. Gott lädt uns dazu ein, in seinen Schutz einzuwilligen und auf seinen Schultern zu sein, in der Sicherheit, dass Gott selbst unsere unüberwindbare Festung ist. Dort kann kein Raubtier seine Schafe attackieren. Auf seinen Schultern bist du hoch erhoben über alle deine

Schwierigkeiten, über alle Gefahren, alle Angriffe und weit über alle Gewalten und Mächte. Ja, weit über Satan, alle Mächte der Finsternis und die Schlinge des Vogelfängers. Auf seinen Schultern bist du über jede Krankheit, jedes Gebrechen und über alles, was einen Namen hat, hoch erhoben. Es ist großartig, an diesem Ort zu sein!

Und tut der Herr dies widerwillig? Keineswegs. Die Bibel sagt uns, dass der Hirte das Schaf »voller Freude« auf seine Schultern legt (Lk 15,5 NGÜ). Unser Herr rettet uns mit großer Freude in seinem Herzen und einem breiten Lächeln im Gesicht.

Der sicherste Ort, an dem du heute sein kannst, ist auf seinen Schultern zu finden. Jesus ist deine Zufluchtsstadt. Am Tag deiner Not lauf schnell zu ihm! Es gibt einen wundervollen Vers, der es auf den Punkt bringt: »Der Liebling des Herrn wird sicher bei Ihm wohnen; Er beschirmt ihn den ganzen Tag, und zwischen seinen Schultern wohnt er« (5Mo 33,12). Wenn du den Herrn zu deiner Zuflucht und zu deinem Wohnort machst, wirst du sicher in ihm wohnen. Dir wird nichts Böses geschehen und kein Unheil darf dein Haus bedrohen!

Gebet des Tages

Abba, Vater, danke für deine unermüdliche und unerschütterliche Liebe zu mir. Heute willige ich ein, unter deine schützenden Flügel zu kommen. Ich willige ein, auf den Schultern meines Herrn Jesus, meines guten Hirten, getragen zu werden. Danke, dass ich auf seinen Schultern über alle Gefahren, allen Angriffen und hoch über alle Gewalten und Mächte erhoben bin. Ich erkläre, dass ich in Jesus am sichersten Ort des Universums bin. Amen.

Gedanke des Tages

Der sicherste Ort, an dem ich heute sein kann, sind die Schultern meines guten Hirten. Ich willige gerne ein, von ihm beschützt und auf seinen starken Schultern getragen zu werden, wo ich über alle Gefahren, alle Angriffe und weit über alle Mächte der Finsternis erhoben bin.

TAG 5

DIE ORTSGEMEINDE ALS EIN ZUFLUCHTSORT

Denn wo zwei oder drei in meinem Namen versammelt sind, da bin ich in ihrer Mitte.
MATTHÄUS 18,20

Während der drei letzten Andachten haben wir uns angeschaut, wie die Zufluchtsstädte des Alten Testaments ein wunderbares Bild von Christus als unserem Schutz enthüllen. Lass mich dir nun noch ein weiteres in der Lehrgeschichte über die Zufluchtsstädte verborgenes Urbild zeigen, und zwar das Bild von der Ortsgemeinde. Die sechs Städte sind über das ganze Land verteilt, sodass eine Person immer zu der nächstgelegenen flüchten kann, um dort Schutz zu finden. Dies spiegelt die Ortsgemeinden wider, die über die ganze Welt verteilt sind. Die Ortsgemeinde, mein Freund, ist ein Zufluchtsort. Die Gemeinde ist keine menschliche Idee; sie ist Gottes Plan. Sie ist ein Ort, an den alle, die schuldig sind, die unter Verdammnis leiden und die verfolgt werden, kommen und Zuflucht finden können. Weißt du, es ist nicht Gottes Wunsch für dich, dass du diesen Weg des Glaubens allein gehst. Sicherlich kannst du eine Menge lernen, indem du Bücher liest oder über das Internet Predigten verfolgst, aber Gott wünscht sich für dich, dass du Teil einer *Gemeinschaft* von Gläubigen bist.

Im Haus des Vaters erleben Menschen Heilung, Durchbrüche, Schutz und andere Segnungen. Gott der Vater erweckte Jesus von den Toten und setzte ihn zu seiner rechten Hand in der himmlischen Welt »hoch über jedes Fürstentum und jede Gewalt, Macht und Herrschaft und jeden Namen, der genannt wird, nicht allein in dieser Weltzeit, sondern auch in der zukünftigen« (Eph 1,21). Das bedeutet, Jesus ist weit erhoben über alle Krankheiten, alle Gebrechen, allen Terror, alle Fallen und Schlingen, über jede Form von Krebs, Depression und alle Arten von Süchten und Abhängigkeiten. Amen!

Wir sind uns alle einig, dass der Herr über jeden Namen erhoben ist, doch wo wohnt seine Kraft und Herrschaft hier auf dieser Erde? Der Apostel Paulus erklärt: »Und er hat *alles* seinen Füßen unterworfen und ihn als Haupt über *alles* der Gemeinde *gegeben*, die sein Leib ist, die Fülle dessen, der alles in allen erfüllt« (Eph 1,22–23). Wo in unserer zerbrochenen und gefallenen Welt ist heute diese Kraft zu finden? In der Gemeinde! Seine Kraft, seine Autorität, seine ganze Fülle sind allesamt in der Gemeinde zu finden – unsere Zufluchtsstadt, zu der wir laufen können und in der wir göttlichen Schutz erhalten!

Gebet des Tages

Vater Gott, danke, dass es dein Wunsch für mich ist, Teil einer Ortsgemeinde zu sein, die der Leib Christi ist, wo wir uns in seinem Namen versammeln und er in unserer Mitte ist. Danke, dass seine Kraft, seine Autorität und seine Fülle für mich in der Gemeinde zu finden sind und mir dort zur Verfügung stehen. Amen.

Gedanke des Tages

Gottes Wunsch für mich ist es, Teil einer Gemeinschaft von Gläubigen, dem Leib Christi, zu sein, wo ich seine Kraft, seine Autorität und die Fülle seines göttlichen Schutzes finde.

TAG 6

FINDE IN DER GEMEINDE WIEDERHERSTELLUNG

Die gepflanzt sind im Haus des HERRN, sie werden gedeihen in den Vorhöfen unsres Gottes; noch im Alter tragen sie Frucht, sind saftvoll und frisch, um zu verkünden, dass der HERR gerecht ist. Er ist mein Fels, und kein Unrecht ist an ihm!

PSALM 92,13–15

Ich erhielt ein Zeugnis von einem Ehepaar, das unsere *Grace Revolution Church* in Dallas, im US-Bundesstaat Texas, besucht. Es ist ein wunderschönes Beispiel dafür, wie wir unter seinem Schutz und in der Wiederherstellung durch ihn leben, wenn wir im Haus Gottes verwurzelt sind. Die beiden erzählten mir von einer herausfordernden Phase, in der ihre Ehe auf eine harte Probe gestellt wurde und auch davon, wie die Gemeinde und die pastorale Leiterschaft ihnen durch diese schwierige Zeit half.

> *Wir brauchten eine Weile, bis uns klar wurde, dass wir uns mehr auf Christus, anstatt auf uns und unsere Probleme konzentrieren mussten. Was unsere Beziehung letztendlich rettete, war die Tatsache, dass wir unseren Blick vertikal auf Jesus gerichtet hielten und nicht horizontal auf uns. Beide sprachen wir aus: »Ich bin die Gerechtigkeit Gottes in Christus Jesus.« Das gab uns ein Gefühl dafür, wie sehr uns Gott liebt und segnen möchte. Zu wissen, dass wir die Gerechtigkeit Gottes durch Christus sind, heilte unsere zerbrochene Ehe.*

Das Beste für uns war, in allem ruhen zu dürfen, was Jesus getan hat, und sein Wort hören und darüber nachsinnen zu können. Er ist wahrhaftig der Weinstock und wir sind die Reben. Wir wissen nun, dass Christus sich in jeder Situation und Lebenslage um alle unsere Bedürfnisse kümmert. Er ist der Weinstock, der uns versorgt, und in ihm ist unser Platz.

»Wenn es für mich wichtig ist, ist es auch für Gott wichtig« – als wir diese Aussage verstanden, begriffen wir, dass für den Herrn nichts zu geringfügig oder unwichtig ist. Genauso wenig ist irgendetwas zu schwer, als dass er es nicht für uns lösen könnte.

Lieber Leser, kannst du erkennen, wie wichtig es ist, in einer Ortsgemeinde verwurzelt zu sein? Im Falle dieses Ehepaares haben ihre Zugehörigkeit zu einer Ortsgemeinde und der weise Rat von Leitern, die den Weg mit ihnen gingen, ihre Ehe gerettet.

Und kannst du spüren, wie viel Freude ihnen das Wissen bereitet, dass der Herr Jesus ihr Weinstock ist, der sie mit allem versorgt, und dem nichts, was sie zu ihm bringen, zu schwer oder zu unbedeutend ist? Lies den heutigen Vers aus Psalm 92. Frucht im Alter zu tragen deutet auf Erhaltung, Schutz und langes Leben hin. Gott möchte nicht nur, dass du ein langes Leben hast, sondern auch Lebensqualität, sodass du auch im Alter noch stark, gesund und fruchtbar bist. Und bekommen kannst du all das, indem du im Haus des Herrn gepflanzt bist. Lieber Freund, wenn du kein regelmäßiger Besucher einer Ortsgemeinde bist, möchte ich dich dazu ermutigen, dir eine zu suchen und dort Wurzeln zu schlagen. Wenn du diesen Schritt gehst, können deine Karriere, deine Ehe und dein Haushalt in jeder Hinsicht gedeihen!

Gebet des Tages

Herr Jesus, danke, dass du das Haupt der Gemeinde bist, sowie der Weinstock, der alle meine Bedürfnisse stillt. Hilf mir dabei, in dein Haus gepflanzt zu werden und von Leitern und gleichgesinnten Gläubigen umgeben zu sein, die dazu beitragen werden, dass ich Frucht trage und in jedem Bereich meines Lebens gedeihe. Amen.

Gedanke des Tages

Wenn ich im Haus des Herrn gepflanzt bin, gehören mir Lebensqualität, Stärke, Gesundheit und Fruchtbarkeit.

TAG 7

FINDE SCHUTZ IN DER GEMEINDE

Deshalb ist es wichtig, unsere Zusammenkünfte nicht zu versäumen, wie es sich schon einige angewöhnt haben. Wir müssen uns doch gegenseitig ermutigen, und das umso mehr, je näher ihr den Tag heranrücken seht, an dem der Herr kommt.
HEBRÄER 10,25 NEÜ

Ich erhielt von dem Bruder aus der gestrigen Andacht, der die *Grace Revolution Church* in Dallas besucht, noch ein weiteres kostbares Zeugnis, in dem er erzählte, wie der Herr ihn und seine Frau vor den tragischen Terroranschlägen in Paris bewahrte:

Um unseren Hochzeitstag am 10. November 2015 zu feiern, wollte ich etwas Besonderes unternehmen. Meine Frau liebt es, zu kochen und zu backen, und sie liebt auch die französische Küche. Wir hatten darüber geredet, nach Europa zu reisen, und dies schien mir eine gute Gelegenheit, um für einige Tage nach Paris zu fliegen und dort unseren Hochzeitstag zu feiern. Ich buchte eine Reise, bei der wir mittwochs abfliegen und am Sonntag derselben Woche zurückkehren würden.

Ich hatte jedoch vergessen, dass Pastor Prince anlässlich seiner »Grace Revolution Tour« am selben Wochenende in Dallas sein würde. Weil ich versuchte, die Reise vor meiner Frau geheim zu halten, erinnerte auch meine Frau mich nicht an diesen Termin! Als ich ihr dann doch drei Wochen vorher von meinem Plan erzählte, machte sie mich sofort auf mein Versehen aufmerksam, woraufhin ich die Buchung auf den folgenden Frühling verschob. Ich war damals enttäuscht, weil wir unsere Reise nicht wie geplant antreten würden.

Wir wissen inzwischen, dass die Terroranschläge in Paris an dem Freitagnachmittag begannen, an dem wir laut meiner Planung dort angekommen wären. Wären wir nach Paris gereist, wie ich es ursprünglich geplant hatte, wären wir während der Anschläge dort gewesen.

Pastor Prince hatte in jener Zeit ziemlich ausführlich über göttliche Bewahrung gepredigt, insbesondere während des vergangenen Jahres. Wir hatten von Pastor Prince gehört, unser Schutz sei nichts, was wir stillschweigend voraussetzen sollten, und erzählten auch unseren Söhnen, wie wir von unserem Vater beschützt werden. Wir hatten begonnen, gemeinsam mit ihnen zu beten, um dem Herrn für seinen Schutz in unserem Leben zu danken. Meine Frau und ich hatten beide das Gefühl, den »Zur richtigen Zeit am richtigen Ort«-Schutz Gottes erlebt zu haben.

Ich bin mir nicht sicher, wie nahe wir diesen Terroranschlägen gekommen wären, hätten wir unsere Reise wie geplant unternommen, aber ganz sicher weiß ich, dass Gottes Gnade uns Tausende von Kilometern davon entfernt gehalten hat. Wir waren sicher beschützt in Dallas, freuten uns über die Zeit mit unserer Familie, sangen gemeinsam mit dem Lobpreis-Team der Gemeinde Gott unser Lob und lernten von Pastor Prince noch mehr über die Gnade!

Kannst du erkennen, lieber Leser, wie wir von Gottes übernatürlichem Schutz über unser Leben erfahren und angeleitet werden, unter diesem Schutz zu leben, wenn wir sein Wort ernst nehmen und in einer Ortsgemeinde verwurzelt sind? In allen Bereichen unseres persönlichen und unseres Ehelebens werden wir bewahrt und beschützt sein und gedeihen.

Gebet des Tages

Vater, danke, dass du die Macht und das Wissen hast, um mich von allem fernzuhalten, was mir Schaden zufügen würde. Danke, dass du mich zu einer Ortsgemeinde führst, wo ich mit deinem Wort ausgerüstet werde und in deiner Gnade wachsen kann. Hilf mir, stets deinen Zur-richtigen-Zeit-am-richtigen-Ort-Schutz zu erfahren. Amen.

Gedanke des Tages

Wenn ich unter der Predigt über den Schutz des Vaters bleibe und mich selbst unter diesem Schutz sehe, können mein Leben, meine Familie, meine Karriere und mein Dienst gar nicht umhin, als bewahrt, beschützt und voll von guten Früchten zu sein.

TAG 8

GOTT IST DEINE ZUFLUCHT VOR BÖSEM

Denn du hast gesagt: »Der HERR ist meine Zuflucht!«; du hast den Höchsten zu deiner Wohnung gesetzt; so begegnet dir kein Unglück, und keine Plage naht deinem Zelt.

PSALM 91,9–10 ELB

Ist obiger Vers nicht wunderschön? Du kannst den Herrn zu deiner *Wohnung* machen. In 1. Johannes 4,16 (ELB) heißt es: »Gott ist Liebe, und wer in der Liebe bleibt, bleibt in Gott und Gott bleibt in ihm.« Je mehr du in seiner Liebe bleibst, desto mehr wird Gott selbst zu deiner Wohnstätte. Kein Unglück begegnet dir und keine Plage nähert sich deinem Zuhause. Indem du ihn zu deiner Wohnstätte machst, beschützt er dein Zuhause. Keine Plage wird sich deinem Heim auch nur nähern! In einem anderen Psalm steht geschrieben: »Gott ist uns Zuflucht und Stärke, ein bewährter Helfer in allen Nöten« (Ps 46,2 EÜ). Wenn wir den Herrn zu unserer Zufluchtsstadt machen und uns von ihm auf seine Schultern nehmen lassen, wird er auch zum »bewährten Helfer« in schwierigen Situationen.

Iris aus Australien erfuhr Gottes Schutz, als ein Zyklon ihr Wohngebiet traf. Hier ist ihr Zeugnis:

Ein kleiner Zyklon, der nur wenige Sekunden andauerte, traf kürzlich unsere Wohnstraße und das umliegende Areal. Während mein Mann und ich mit unserer Katze dicht zusammenge-

drängt im Flur unseres Hauses kauerten, sagte ich laut: »Danke Jesus, dass du die Ruhe im Sturm bist!«

Sobald der Sturm aufhörte, gingen wir nach draußen und sahen eine Menge umgestürzter Bäume auf der Straße liegen. Die Bäume in unserer Straße waren riesig, bis zu dreißig Meter hoch. Deshalb waren viele der geparkten Fahrzeuge zertrümmert und auch einige Häuser waren beschädigt. Der Firmenwagen meines Mannes war leicht beschädigt, aber unser Familienauto war völlig unversehrt. Und Preis dem Herrn, niemand wurde verletzt!

Als die Straße von den umgestürzten Bäumen freigeräumt wurde, fiel mir etwas auf. Die Schneise, die der Wirbelsturm geschlagen hatte, verlief durch einige Grundstücke links und rechts der Straße, hörte dann in der Nähe unseres Hauses abrupt auf! Der Wind hatte sich uns nicht genähert und unser Haus war völlig unbeschädigt geblieben.

Jeder in unserer Straße staunte sehr, dass der große Baum in unserem Garten unberührt geblieben war und auf unserem eigenen Grundstück keinerlei Aufräumarbeiten nötig waren. Preis sei Jesus! Er ist die Ruhe, der Friede und der Schutz, den ich brauche!

Wow, Preis dem Herrn! Ich liebe dieses Zeugnis – wenn der Herr höchstpersönlich deine Zuflucht und dein Schutz ist, müssen sogar Zyklone auf der Stelle haltmachen, sobald sie in deine Nähe kommen!

Gebet des Tages

Himmlischer Vater, danke für deine Liebe, in der ich bleiben und ruhen kann. Danke, dass du meine Wohnstätte und mein Zuhause bist, in dem mir kein Unglück begegnet und sich mir keine Plage nähert. Ich erkläre, dass du mein bewährter Helfer in Zeiten der Not bist. Amen.

Gedanke des Tages

Weil ich den Herrn zu meiner Wohnstätte und meinem Zuhause gemacht habe, ist er mein bewährter Helfer, wenn ich in Not gerate.

TAG 9

DER HERR, UNSERE ZUFLUCHT

Auf Jahwe zu vertrauen ist besser, als auf Menschen zu bauen.
PSALM 118,8 NEÜ

Das Gebet des Schutzes erklärt: »**Du** sagst: ›Der Herr *ist* meine Zuflucht‹. Beim höchsten Gott hast **du** Schutz gefunden. *Darum* wird **dir** nichts Böses geschehen, kein Unheil darf **dein** Haus bedrohen.« Das Wort Gottes sagt nicht, dass »der Welt« nichts Böses geschieht, es sagt, dass *dir* nichts Böses geschieht. Der Vers erklärt weiter: »Kein Unheil darf dein Haus bedrohen«, und das schließt deine Familie mit ein. Lieber Freund, lass diesen Bibelvers dein Herz bestärken und festigen. Weil du den Herrn zu deiner Zuflucht gemacht hast, darf kein Unheil dein Haus bedrohen. Der Schutz vor Virenstämmen, gegen die die Wissenschaft noch kein Heilmittel hat – Ebola, Zika oder HIV –, ist Gottes Versprechen an dich und deinen Haushalt!

Hast du den Herrn zu deiner Zuflucht gemacht? Psalm 118,8 (NEÜ) sagt: »Auf Jahwe zu vertrauen ist besser, als auf Menschen zu bauen.« Interessanterweise ist das hebräische Wort für »vertrauen«, *chasah*, zugleich auch die Wortwurzel von »Zuflucht« in Psalm 91.[20]

Oder anders gesagt, den Herrn zu deiner Zuflucht zu machen bedeutet, ihm in allen Dingen zu vertrauen. Vertraue ihm deine Pläne an, dein Leben und deine Familie. Vertraue auf seine Führung und seine Weisheit. Verlass dich auf ihn. Unser Herr Jesus ist nicht unnahbar; er ist kein Erlöser, der weit von uns entfernt ist. Er ist so persönlich … und dir so nah. Es liegt Sicherheit und Schutz darin, wenn wir ganz nah an ihn heranrücken und in seiner wohltuenden Gegenwart, in seinem Wort und in seinem Haus verweilen.

Wie ich am Anfang des Buches schon sagte, wird die Welt im Natürlichen immer dunkler. Doch schau nicht umher und sei nicht bekümmert. Schau auch nicht in dich hinein und sei nicht deprimiert. Schau auf den Herrn Jesus und bleibe völlig in der Ruhe! Als Kinder des Höchsten lass uns jetzt gemeinsam das heutige Gebet sprechen!

Gebet des Tages

Vater, ich danke dir für Psalm 91. Ich danke dir, dass ich in Christus bin. Ich lebe in dem Reich, in dem mir nichts Böses – keine wirtschaftlichen Katastrophe und Turbulenzen – widerfahren und keine Plage sich meinem Zuhause nähern wird. DU bist meine Zuflucht und der Ort, an dem ich mich berge, und ich danke dir, dass du mich mit langem Leben sättigst. Danke, Vater, dass du deinen Sohn zum Sterben am Kreuz aufgegeben hast, damit ich heute sicher und beschützt an dem verborgenen Ort des Höchsten sein kann. So wie Christus ist, bin auch ich in dieser Welt. So wie Christus zu deiner Rechten sitzt, weit über alle Gewalten und Mächte erhoben, SO TUE AUCH ICH ES! Amen.

Gedanke des Tages

Es gibt Sicherheit und Schutz für mich,
wenn ich zu Gott komme
und ihm in allen Dingen vertraue.

ABSCHNITT 8

SETZE SEINE ENGEL IN BEWEGUNG

Denn er befiehlt seinen Engeln, dich zu behüten auf all deinen Wegen. Sie tragen dich auf ihren Händen, damit dein Fuß nicht an einen Stein stößt.

PSALM 91,11–12 EÜ

TAG 1

MEHR AUF UNSERER SEITE ALS AUF IHRER

»Hab keine Angst!«, sagte Elisa. »Denn es sind mehr auf unserer Seite als auf ihrer.«
2. KÖNIGE 6,16 NLB

Zur Zeit des Propheten Elisas nutzte der König von Syrien eine Gelegenheit, um Elisa, der sich in der Stadt Dotan aufhielt, gefangen zu nehmen. Er mobilisierte ein großes Heer mit vielen Streitwagen und Pferden und ließ die Stadt eines Nachts umstellen. Er wollte unter keinen Umständen riskieren, dass der Prophet entkam.

Früh am nächsten Morgen in Dotan, als Elisas Diener erwachte und ins Freie trat, sah er überall Truppen, Pferde und Streitwagen. Er und Elisa waren vollständig von feindlichen Truppen umzingelt. Der Diener verfiel in Panik und rief Elisa zu: »Mein Herr, was sollen wir tun?« (siehe 2Kö 6,15).

Versetze dich in die Lage von Elisas Diener. Du (wie auch ich) wärst vermutlich ebenfalls voller Angst gewesen. Aber jetzt pass genau auf, denn hier folgt eine Wahrheit, in der viel Kraft steckt und die du unbedingt mitbekommen solltest. Ohne zu zögern und völlig gefasst sagte Elisa zu seinem Diener: »Hab keine Angst! Denn es *sind* mehr auf unserer Seite als auf ihrer« (2Kö 6,16 NLB). Ich kann mir gut vorstellen, wie dieser Diener sich gefühlt haben muss. In dem, was Elisa eben gesagt hatte, lag keinerlei Logik. War sein Dienstherr etwa verrückt geworden?

Bevor der Diener noch mehr in Panik geraten konnte, betete Elisa ein einfaches Gebet: »Herr, öffne ihm die Augen und lass ihn sehen« (2Kö 6,17 NLB). Und der Herr öffnete die Augen des Dieners. Dieser sah nun, dass die Berghänge ringsum voll mit prächtig glänzenden Pferden und feurigen Streitwagen waren. Gottes Engelsheer flankierte sie von allen Seiten, hell erleuchtet von der Herrlichkeit des Allerhöchsten. Während der Diener noch staunte, fiel ihm auf, dass die syrischen Streitkräfte neben dem Heer von Engeln zwergenhaft und unbedeutend erschienen.

Warum fürchtete sich der junge Diener, während Elisa völlig furchtlos war? Die Antwort lautet: Sie beide sahen unterschiedliche Dinge. Der junge Mann sah das große syrische Heer. Doch Elisa sah das *noch viel größere* Engelsheer auf feurigen Streitwagen. Elisa hatte *geistliche Einsicht.*

Mein lieber Leser, würdest du dir den obigen Bibelvers bitte zu Herzen nehmen? Wenn du einen ständigen Kampf mit der Furcht führst, sinne über diese Schriftstelle nach und bestärke dein Herz mit dem darin enthaltenen Versprechen. Ob du von Schulden belagert wirst, ob du von etwas angegriffen wirst, das die Ärzte als unheilbare Krankheit bezeichnen, oder ob du dir ständig Sorgen über die Sicherheit deiner Kinder machst, merke dir diesen Vers. Der Gott der Engelsheerscharen ist mit dir. Keine gegen dich geschmiedete Waffe wird etwas ausrichten können (siehe Jes 54,17)!

Gebet des Tages

Vater Gott, öffne meine Augen, damit ich dein Engelsheer sehen kann, das auf Pferden und in feurigen Streitwagen, hell erleuchtet von deiner Herrlichkeit, mich von allen Seiten umgibt. Wie groß die Ursache der Furcht auch sein mag, ich danke dir dafür, dass die Zahl derer, die mit mir sind, größer ist als die Zahl meiner Gegner. Ich erkläre, dass keine gegen mich gerichtete Waffe erfolgreich sein wird. Amen.

Gedanke des Tages

Vor welcher Herausforderung ich auch stehe, ich werde mich nicht fürchten, denn die, die mit mir sind – Gottes Heer von Engeln –, sind zahlreicher als meine Gegner.

TAG 2

ER BEFIEHLT SEINEN ENGELN, DICH ZU BEHÜTEN

Denn er wird seinen Engeln deinetwegen Befehl geben, dass sie dich behüten auf allen deinen Wegen. Auf den Händen werden sie dich tragen, damit du deinen Fuß nicht an einen Stein stößt.

PSALM 91,11–12

Welch wunderbare Zusage haben wir in obigem Bibelvers! So wie die Engel Elisa und seinen Diener umgaben und beschützten, so umgeben und beschützen sie heute auch uns, *weil Gott uns ihrem Schutz unterstellt hat*! Wenn wir ihn zu unserer Wohnstätte machen, befiehlt er seinen Engeln, über uns zu wachen und uns mit seinem göttlichen Schutz zu umgeben.

Wusstest du, dass der Teufel Psalm 91,11–12 zitierte, als er unseren Herrn Jesus in Versuchung führen wollte? Er nahm unseren Herrn mit auf die Zinne des Tempels und sagte zu ihm: »Wenn du Gottes Sohn bist, so stürz dich hinab; denn es heißt in der Schrift: Seinen Engeln befiehlt er, dich auf *ihren* Händen zu tragen, damit dein Fuß nicht an einen Stein stößt.« Hierauf erwiderte Jesus: »In der Schrift heißt es auch: Du sollst den Herrn, deinen Gott, nicht auf die Probe stellen« (Mt 4,5–7 EÜ).

Die Versuchung unseres Herrn Jesus in der Wüste ist das einzige Beispiel, in dem zu lesen ist, wie der Teufel Schriftstellen zitiert. Doch der Teufel hat Vers 11 absichtlich falsch zitiert. Der Teufel zitiert die Bibel deshalb falsch, weil er der Vater der Lüge ist. Tatsächlich liest sich Vers 11 folgendermaßen: Denn er befiehlt seinen Engeln, **dich zu behüten auf all deinen Wegen**.

Ich fragte den Herrn, weshalb der Teufel die Worte »dich zu behüten auf all deinen Wegen« ausgelassen hatte, und er führte mich zu Sprüche 3,6–7 (ELB), wo es heißt: »**Auf all deinen Wegen** erkenne nur ihn, dann ebnet er selbst deine Pfade! Sei nicht weise in deinen Augen, fürchte den HERRN und weiche vom Bösen!«

Weißt du, der Teufel wollte die Worte »dich zu behüten auf all deinen Wegen« nicht aussprechen, denn das liefe darauf hinaus, dass Gläubige an Sprüche 3,6–7 erinnert würden – nur Gott auf allen unseren Wegen zu erkennen. Deshalb ließ er diesen Teil gezielt weg. Doch gelobt sei der Herr, wir wissen, dass *dies* das Versprechen ist, das der Herr gegeben hat: »Denn er befiehlt seinen Engeln, **dich zu behüten auf all deinen Wegen**.« Unsere Aufgabe ist es, ihn einfach auf all unseren Wegen zu erkennen, und er wird unsere Wege ebnen und uns dabei beschützen!

Gebet des Tages

Vater im Himmel, danke, dass du, wenn ich dich zu meiner Wohnstätte mache, deinen Engeln befiehlst, mich auf all meinen Wegen zu behüten. Ich demütige mich vor dir und treffe die Entscheidung, bei allem, was ich tue, an dich zu denken. Ich glaube, dass du alle meine Wege ebnen und mich heute und künftig vor allem Bösen beschützen wirst. Amen.

Gedanke des Tages

Gott hat seinen Engeln befohlen, mich auf allen meinen Wegen zu behüten und zu bewahren, wenn ich bei allem, was ich mir vornehme, an ihn denke.

TAG 3

SEI WEISE UND LEBE GESCHÜTZT

Vergesst nicht, Gastfreundschaft zu üben! Denn auf diese Weise haben einige, ohne es zu wissen, Engel bei sich aufgenommen.
HEBRÄER 13,2 NEÜ

Wenn du dir in der gestrigen Andacht die Schriftstellen, die Satan benutzte, um Jesus dazu zu bringen, sich von der Zinne des Tempels hinunterzustürzen, genau ansiehst, wirst du feststellen, dass es nicht darum geht, sich selbst in Gefahr zu bringen, um so Gottes Schutz auf die Probe zu stellen. Psalm 91,11–12 ermutigt dich nicht dazu, dich bewusst Gefahren auszusetzen. Vielmehr geht es darum, dass der Herr dich beschützt, während du durchs Leben gehst und tust, was Tag für Tag anfällt. Das hebräische Wort für »Wege« in Vers 11 zeigt dies deutlich – es ist das Wort *däräk*, was so viel wie Weg, Straße oder Reise bedeutet.[21]

Während du durch deinen Alltag gehst, ob du nun auf dem Weg zur Arbeit bist oder auf dem Weg nach Hause, gibt es Zeiten, in denen der Feind dir vielleicht Fallen stellt, von denen du nicht weißt. Doch Gott unterstellt dich dem Schutz seiner Engel, indem er ihnen befiehlt, dir vorauszugehen und dich vor diesen Fallen zu schützen. Das heißt nicht, du solltest losziehen und etwas Dummes oder Gefährliches tun, um Gottes Schutz auszutesten! Auch wenn wir auf den göttlichen Schutz des Herrn vertrauen, sollten wir trotzdem Weisheit walten lassen.

Vielleicht bist du mit Markus 16,18 (ELB) vertraut, wo es heißt: »Wenn sie etwas Tödliches trinken, wird es ihnen nicht schaden.« Wenn dich nun jemand auffordert, Gift zu trinken, und du trinkst es mutwillig, um zu beweisen, dass es dir nicht schadet, dann ist das einfach nur töricht. Psalm 91,11 spricht von den Wegen, die Teil deines normalen täglichen Lebens sind. Absichtlich Gift zu trinken gehört ganz sicher nicht zu deinem normalen Leben. Tatsächlich meint Markus 16,18 etwas völlig anderes: Solltest du im Lauf des Tages etwas Giftiges trinken, ohne dass es dir bewusst ist, wird der Herr dich vor Schaden bewahren!

Ich habe einen Freund in der Mission, der mir erzählte, jemand habe während eines Missionseinsatzes versucht, ihn zu vergiften. Am Ende bekehrte sich diese Person, weil sie miterlebte, wie der Missionar gutgläubig das ganze Glas Gift austrank – und dabei keinerlei Schaden erlitt. Von dieser Zeit an glaubte der Mann, der ihn vergiften wollte, an den Herrn Jesus, über den er wusste, dass er den Missionar bewahrt hatte. *So* ist Markus 16,18 anzuwenden!

Ich hoffe, du erkennst, dass Gottes Schutz durch seine Engel nicht immer in Form spektakulärer Eingriffe auftritt. Ich glaube, dass sein Schutz, mit dem er uns tagtäglich umgibt, auf so übernatürliche Weise natürlich ist, dass viele von uns gar nicht bemerken, dass wir beschützt wurden! Vielleicht warst du im Begriff, die Straße zu überqueren, nachdem du sorgfältig nach links und rechts geschaut hast. Und gerade, als du deinen Fuß vom Randstein auf die Straße setzen wolltest, ließ dich etwas zögern oder hielt dich zurück, und im nächsten Augenblick raste ein Fahrzeug an dir vorbei. Was, glaubst du, ließ dich zögern oder hielt dich zurück? Ich glaube, es war ein Engel, der dich auf unspektakuläre, aber übernatürliche Weise bewahrte!

Gebet des Tages

Herr Jesus, danke, dass deine Engel mich auf all meinen Wegen beschützen, während ich meinen ganz normalen Alltag lebe. Hilf mir, mein Leben in Weisheit zu führen. Ich bitte dich um deinen übernatürlich natürlichen Schutz für mich und meine Familie an jedem Tag und danke dir dafür. Amen.

Gedanke des Tages

Der Schutz durch Engel begleitet mich auf all meinen Wegen, während ich durch meinen Alltag gehe und in der Weisheit des Herrn lebe.

TAG 4

VON ENGELN UMGEBEN

Lobt den Herrn, ihr seine Engel, ihr ***starken Helden****, die ihr seinen Befehl ausführt,* ***gehorsam der Stimme seines Wortes!*** *Lobt den Herrn, alle seine Heerscharen, seine Diener, die ihr seinen Willen tut!*

PSALM 103,20–21

Manche Leute haben den Eindruck, Engel sähen wie kleine Babys aus, die eine weiße Toga tragen und mit Pfeil und Bogen in den Händen in der Gegend umherfliegen. Obige Bibelstelle sagt uns, dass sie stark sind – sie sind »starke Helden«. Weißt du, wie stark Engel sein können? Als Sanherib, der übelgesinnte König von Assyrien, Israel belagerte, betete Hiskia zum Herrn, und der Herr sandte einen Engel zum assyrischen Lager. Nur einen Engel. Weißt du, was in einer einzigen Nacht geschah? Die Bibel sagt uns, »in jener Nacht zog der Engel des Herrn aus und erschlug im Lager der Assyrer hundertfünfundachtzigtausend Mann« (2Kö 19,35 EÜ).

Hier ist noch eine weitere Eigenschaft von Engeln: Sie »sind seinem Wort gehorsam«. Sie handeln nicht außerhalb der Grenzen, die Gottes Wort festsetzt. Und in Psalm 91,11–12 haben wir gesehen, dass der Herr seinen Engeln Befehl gegeben hat, über uns zu wachen. In der *Amplified Bible* steht, dass seine Engel »dich **begleiten** *und* **verteidigen** *und* **erhalten** auf allen deinen Wegen«. Ich weiß nicht, wie es dir geht, aber in mir bewirkt das eine solche Gewissheit, dass ich von seinen Flügeln der Zuflucht und des Schutzes bedeckt bin!

Das Wort Gottes sagt uns auch, dass zusammen mit dem Erzengel Luzifer auch ein Drittel der Engel fiel. Das bedeutet, dass zwei Drittel der Engel immer noch auf Gottes Seite sind. Hebräer 12,22 (NEÜ) spricht von »unzählbaren Engelscharen«. Es sind so viele Engel, dass ihre Menge unüberschaubar ist. Wir mögen nicht in der Lage sein, sie zu sehen, aber sie umgeben uns von allen Seiten und kümmern sich um uns. Sei also keiner dieser Gläubigen, die sich der Dämonen mehr bewusst sind als der Engel. Vergiss nicht: *Zahlreicher sind die, die bei uns sind, als die, die bei ihnen sind* (siehe 2Kö 6,16 ELB)!

Im Garten Gethsemane, als die römischen Soldaten kamen, um unseren Herrn unter Arrest zu stellen, sagte er: »... glaubst du nicht, dass ich meinen Vater um Hilfe bitten könnte und dass er mir sofort mehr als zwölf Legionen Engel zur Seite stellen würde?« (Mt 26,53 NGÜ). Gemäß der *Amplified* Übersetzung sind zwölf Legionen mehr als 80.000 Engel! Jesus hätte nur beten müssen und diese Engel wären in Bewegung gesetzt worden. Doch er verzichtete darauf, weil er sich bereits entschieden hatte, ans Kreuz zu gehen und den Tod zu sterben, den eigentlich wir verdienten.

Er gab seinen Schutz auf, damit du und ich heute alle Verheißungen, die seinen Schutz betreffen, in Anspruch nehmen können. Und als Miterben Christi (siehe Röm 8,17) kann jeder von uns zwölf Legionen Engel herbeirufen. Möge es dich ermutigen, wenn du Gottes Wunsch erkennst, dich zu beschützen, und dass er zum Schutz deines Lebens Engel bereitgestellt hat.

Gebet des Tages

Vater, danke für die zahllosen Engel, die mich umgeben, sich um mich kümmern, indem sie deinem Wort gehorchen, das ihnen befiehlt, mich auf allen meinen Wegen zu verteidigen und zu bewahren. Danke dafür, dass Jesus seinen Schutz aufgab, sodass ich heute alle Verheißungen seines Schutzes in Anspruch nehmen kann. Als Miterbe Christi glaube ich, dass Legionen von Engeln bereitstehen, um mich zu schützen. Amen.

Gedanke des Tages

Ich mag sie nicht sehen, aber unzählige Engel umgeben mich und kümmern sich um mich, weil Jesus den Preis bezahlt hat, damit ich einen solchen Schutz haben kann.

TAG 5

DEN HERRN ANZUBETEN SETZT ENGEL IN BEWEGUNG

»Der Engel des Herrn lagert sich um die her, die ihn ***fürchten****, und er rettet sie.«*
PSALM 34,8

Lieber Freund, wir haben eine Ressource, die größer und stärker ist als jeder gegen uns geführte Angriff des Teufels. Würdest du gerne wissen, wie du in deinem Leben Engel in Bewegung setzen kannst?

Der wichtigste Schlüssel ist *Anbetung*. Am aktivsten sind Engel, wenn du dem Herrn deine Anbetung darbringst, wie obige Schriftstelle uns sagt. Unser Herr Jesus hat »fürchten« für uns als »anbeten« definiert. Als Satan ihn in der Wüste versuchte, zitierte er als Antwort darauf einen Vers aus dem 5. Buch Mose: »Du sollst den Herrn, deinen Gott fürchten« (5Mo 6,13). Dabei tauschte er jedoch das Wort »fürchten« gegen das Wort »anbeten« aus und sagte zum Teufel: »Denn es steht geschrieben: ›Du sollst den Herrn, deinen Gott, **anbeten**‹« (Mt 4,10).

Lieber Freund, wenn du den Herrn anbetest, lagern sich seine Engel um dich her, sie umgeben dich, um dich zu retten. Ich möchte dich dazu ermutigen, der Anbetung des Herrn Zeit zu widmen. Wenn du durch eine schwierige Zeit deines Lebens gehst und dich fürchtest, entscheide dich dafür, ihn anzubeten. Furcht erfüllt unsere Herzen, wenn wir mit uns selbst beschäftigt sind, doch wenn wir den Herrn anbeten, beschäftigen wir uns mit ihm, mit seiner Schönheit und seiner Güte, und dann umgeben uns seine Engel wie ein Schutzschild.

Mein Dienst erhält Zeugnisse von Menschen in aller Welt, die, nachdem sie durch die Predigt des Evangeliums Gottes Liebe zu ihnen persönlich begegnet sind, anfangen, sich voller Dankbarkeit seiner Güte und Gnade in ihrem Leben bewusst zu sein. Ich möchte dir das Zeugnis von Sophia aus dem US-Bundesstaat Georgia erzählen, die ebenfalls das Eingreifen und den Schutz des Herrn erlebt hat.

Als ich Ihre heutige Tagesandacht mit dem Titel »Gottes Engel wachen über dich« las, wurde ich wirklich ermutigt. Ich erinnere mich an einen Vorfall, der sich ereignete, während meine Tochter und ich mit dem Auto hinter einem Sattelzug die Autobahn entlangfuhren, als plötzlich der Fahrer eines Oldtimers versuchte, sich zwischen uns und den Sattelzug zu drängen. Ich dachte: »Warum versuchst du …« Genau in diesem Moment hörte ich eine Stimme in meinem Inneren, die mich aufforderte, still zu sein. Also ließ ich den Wagen vor uns einscheren. Unmittelbar nach dem Einscheren platzte an dem Sattelzug ein Reifen. Zu meiner Überraschung blieb der Oldtimer in der Spur, wodurch er die volle Wucht des geplatzten Reifens abbekam.

Als sich von dem Sattelzug keine weiteren Reifenteile lösten, wechselte der Oldtimer zurück auf die linke Spur, beschleunigte und zog davon. Mir wurde in diesem Moment bewusst, dass der Fahrer dieses Autos möglicherweise ein Engel vom Herrn war. Zu wissen, dass Gott uns in diesen Zeiten beschützt, ermutigte mich außerordentlich.

Amen! Wenn Gott dich dem Schutz seiner Engel unterstellt, gehen sie dir voran und schützen und bewahren dich vor jeglicher Art von Gefahren. Und ja, manchmal sind sie zu diesem Zweck vielleicht auch in einem Oldtimer unterwegs. Hebräer 13,2 (NLB) sagt: »Vergesst nicht, Fremden Gastfreundschaft zu erweisen, denn auf diese Weise haben einige Engel beherbergt, ohne es zu merken!«

Gebet des Tages

Herr Jesus, danke, dass mich deine Engel wie ein Schutzschild umgeben, wenn ich dich in deiner Schönheit und Güte anbete. Danke, dass sie sich um mich und meine Familie lagern und vor uns hergehen, um über uns zu wachen und uns vor allen möglichen Gefahren zu beschützen. Möge ich stets deine Liebe zu mir und deine Gnade für mich sehen und dich anbeten. Amen.

Gedanke des Tages

Wenn ich den Herrn anbete, lagern sich seine Engel um mich und umgeben mich von allen Seiten, um mich retten zu können.

TAG 6

ENGEL HÖREN AUF DIE STIMME SEINES WORTES

Während ich noch betete, kam plötzlich zur Zeit des Abendopfers Gabriel zu mir geflogen, den ich in meiner ersten Vision bereits gesehen hatte. Er wollte mir Einblick verschaffen und sagte: Daniel, ich bin jetzt gekommen, um dir den Sinn des Ganzen zu erklären. In dem Augenblick, in dem du zu beten begannst, hat Gott gesprochen. Ich bin hier, um dir zu berichten, was er sagte, denn Gott hat dich sehr lieb.

DANIEL 9,21–23 NLB

Der nächste Schlüssel, mit dem Gottes Engel aktiviert werden und über den ich mit dir sprechen möchte, ist die Wichtigkeit, das Wort Gottes auszusprechen oder zu verkünden. Psalm 103,20 sagt uns, dass die Engel »der **Stimme** seines Wortes« gehorsam sind.

Wer verleiht Gottes Wort eine Stimme? DU tust das. Jedes Mal, wenn du Schriftstellen laut aussprichst, gibst du seinem Wort eine Stimme, und Engel werden darauf reagieren. Wenn du sagst: »Vater, ich danke dir, dass mir heute nichts Böses geschieht und kein Unheil und keine Krankheit sich meinem Zuhause nähern darf«, dann lauschen die Engel der Stimme, die das Wort Gottes spricht. Engel können nicht deine Gedanken lesen – also sprich sein Wort aus!

Ich möchte dich heute dazu ermutigen, das Wort Gottes zu studieren und dir einige Verse einzuprägen. Lerne, Gottes Wort auszusprechen, wenn dich Furcht überkommt. Gottes Kraft schlummert in seinem Wort, bis du es aussprichst. Sobald du das tust, wird sein Wort zu einer wirksamen Kraft in deiner Situation und stellt sich allem entgegen, womit du dich konfrontiert siehst.

Hebräer 1,14 sagt, Gottes Engel sind »alle dienstbare Geister, ausgesandt zum Dienst **um derer Willen**, welche das Heil erben sollen«. Beachte, dass dort nicht »zum Dienst an«, sondern »zum Dienst um derer Willen« steht – derer, die das Heil erben sollen (das bezieht sich auf Gottes Kinder, auf dich und mich). Dies ist ein bedeutender Unterschied. Die Engel warten darauf, dass sie durch uns aktiviert werden, sie warten auf Anweisung. Wir müssen sprechen, um sie zu aktivieren. Sie warten darauf, auf unsere Worte zu reagieren; sie werden nicht jedem einzelnen unserer Bedürfnisse automatisch nachgehen.

Du setzt Engel in Bewegung, wenn du aussprichst: »Er rettet dich aus der Schlinge des Jägers und aus allem Verderben.« Setze deine himmlische Armee in Marsch, indem du kundtust: »Wenn auch tausend fallen zu deiner Seite und zehntausend zu deiner Rechten, so wird es doch dich nicht treffen.« Unser Herr Jesus selbst bewies, wie wichtig es ist, Gottes Wort laut auszusprechen, als er in der Wüste drei Mal »Es steht geschrieben« sagte und dann jeweils Gottes Wort zitierte. Ich weiß nicht, was du tun wirst, aber ich werde Gottes Wort ganz gewiss aussprechen!

Gebet des Tages

Himmlischer Vater, danke, dass deine Engel auf die Stimme deines Wortes hören und zum Dienst um meinetwillen ausgesandt werden. Danke, dass deine Engel in Bewegung gesetzt werden, sobald ich dein Wort ausspreche. Danke, dass du mir die Kraft deines Wortes offenbarst. Hilf mir, deine Verheißungen in mich aufzunehmen und dein Wort über meine Lebensumstände auszusprechen. Amen.

Gedanke des Tages

Jedes Mal, wenn ich Bibelstellen laut zitiere und Gottes Wort eine Stimme verleihe, aktiviere ich seine Engel zum Dienst um meinetwillen.

TAG 7

MÖGEN DEINE AUGEN GEÖFFNET WERDEN

[Er gebe euch] erleuchtete Augen eures Verständnisses, damit ihr wisst, was die Hoffnung seiner Berufung und was der Reichtum der Herrlichkeit seines Erbes in den Heiligen ist, was auch die überwältigende Größe seiner Kraftwirkung an uns ist, die wir glauben, gemäß der Wirksamkeit der Macht seiner Stärke.

EPHESER 1,18–19

Ich habe ein weiteres Zeugnis von einem der Hauptpastoren in unserer Gemeinde. Er und seine Frau planten einen Kurzurlaub in Hongkong, um dort ihren Hochzeitstag zu feiern. Sie hatten ein bestimmtes Stadthotel im Auge, doch so sehr sie es auch versuchten, war es ihnen nicht möglich, dort ein Zimmer zu reservieren. Frustriert und enttäuscht blieb ihnen nichts anderes übrig, als ihre Pläne zu ändern.

Einige Zeit später war dieses Hotel in allen Schlagzeilen. Es stellte sich heraus, dass in derselben Woche, die sie ursprünglich dort verbringen wollten, eine tödliche Krankheit ausbrach. Ein Hotelgast starb an einem hochansteckenden Virus, was eine Abriegelung der Hotelanlage zur Folge hatte. Alle übrigen Hotelgäste mussten unter Quarantäne gestellt werden, und bei einigen wurde eine Ansteckung mit dem Virus festgestellt.

Was für das Ehepaar zunächst eine Enttäuschung war, stellte sich als Gottes Hand heraus, die er schützend über sie hielt. Warum sollte es nicht so sein, dass Engel Überstunden machten, um die Reisepläne der beiden zu durchkreuzen und sie davor zu bewahren, zur falschen Zeit am falschen Ort zu sein? Schließlich verspricht Psalm 91, dass sich keine Plage ihrer Wohnstätte nahen werde.

Mein Freund, ich bete gemäß der heutigen Schriftstelle für erleuchtete Augen deines Verständnisses, damit du weißt, was der Reichtum der Herrlichkeit seines Erbes in den Heiligen und die überwältigende Größe seiner Kraftwirkung an uns ist, die wir glauben. Ich bete, dass du wie Elisa in der Lage sein wirst, über das, was im Natürlichen sichtbar ist, hinauszusehen und die Legionen von Engeln zu erblicken, die zum Dienst für dich bereitstehen. Die Bibel sagt uns, »das Sichtbare *ist* vergänglich, aber das Unsichtbare *ist* ewig« (2Kor 4,18 NGÜ).

Heutzutage sehen wir möglicherweise keine körperhaften Engel, und doch wissen wir, dass sie unter uns sind. Der Herr hat versprochen, dass er uns nie verlassen und uns nicht im Stich lassen wird (siehe Hebr 13,5). Er hat versprochen, seine Güte und seine Gnade würden uns alle Tage unseres Lebens folgen (siehe Ps 23,6 ELB). Wir setzen unser Vertrauen nicht in das, was wir sehen, sondern in seine Verheißungen, die ewig gültig sind. Und ich bete, dass du, indem du dem Herrn dein Vertrauen schenkst, jede Segnung erleben wirst, die der Herr Jesus für dich am Kreuz von Golgatha erworben hat!

Gebet des Tages

Vater Gott, ich bitte dich, die Augen meines Verständnisses zu erleuchten, damit ich über das Natürliche hinaussehen und die Legionen von Engeln erblicken kann, die zum Dienst für mich bereitstehen. Danke für die überwältigende Größe deiner Gnade und Kraftwirkung an mir. Ich erkläre, dass deine Engel mit mir sind, um sicherzustellen, dass mich nichts Böses überfällt, weil ich dir vertraue. Amen.

Gedanke des Tages

Vielleicht erscheinen mir Engel nicht in körperlicher Gestalt, aber in meinem Herzen weiß ich, dass Legionen von Engeln hier bei mir sind, um mir zu helfen.

ABSCHNITT 9

ZEIT, IN DIE OFFENSIVE ZU GEHEN

Auf Löwen und Vipern trittst du,
Junglöwen und Schlangen trittst du nieder.
PSALM 91,13 ELB

TAG 1

VOLLMACHT ÜBER DEN FEIND

Auf Löwen und Vipern trittst du, Junglöwen und Schlangen trittst du nieder.

PSALM 91,13 ELB

Weißt du, dass du Vollmacht über den Feind hast, weil du an Christus glaubst?

Es ist wahr, dass der Teufel der Gott dieser gefallenen Welt ist (siehe 2Kor 4,4 ELB), und er »geht umher wie ein brüllender Löwe und sucht, wen er verschlingen kann« (1Petr 5,8 ELB). Doch wir als Gläubige sind nicht dazu berufen, uns voller Furcht zu ducken, wie die Menschen der Welt es tun, denn Gottes ewiges und bleibendes Wort verkündet, dass er, der in dir ist, größer ist als der, der in der Welt ist (siehe 1Joh 4,4).

In Christus haben wir Autorität über den Teufel und seine Kohorten. In Christus haben wir Vollmacht, *auf Löwen und auf Vipern zu treten*. Die Schlinge des Vogelfängers wird zunichtegemacht und der Jäger wird zum Gejagten. Unsere Rolle in dieser zunehmend gefährlichen Welt ist es nicht, passiv und gleichgültig zu sein und darauf zu warten, von dem brüllenden Löwen verschlungen zu werden. Wir sind mit Kraft und Vollmacht ausgestattet, um den brüllenden Löwen zur Strecke zu bringen!

Die Bibel berichtet darüber, wie Simson in den Weinbergen von Timna unterwegs war, als plötzlich »ein Junglöwe ihm brüllend entgegen [sprang]« (Ri 14,5 ELB). Was würdest *du* tun, wenn du plötzlich von einem Löwen angegriffen würdest?

Psychologen erklären uns, dass es im Grunde drei mögliche Reaktionen gibt, die instinktiv ausgelöst werden, wenn eine Person unerwartet in eine extrem gefährliche Situation gerät – kämpfen, flüchten oder erstarren. Während die meisten von uns wahrscheinlich entweder flüchten oder erstarren würden, stellte Simson sich instinktiv dem Kampf: »Da kam der Geist des Herrn über ihn, so dass er den Löwen zerriss, als ob er ein Böcklein zerrisse, und *er hatte* doch gar nichts in seiner Hand« (Ri 14,6). *So* ergreift man die Vollmacht! Der Jäger fiel über Simson her und wurde selbst zum Gejagten!

Einige Zeit später kam Simson an dem Gerippe des Löwen vorbei und sah darin einen Schwarm Bienen und etwas Honig. Er nahm etwas von dem Honig heraus und aß ihn im Weitergehen. Inspiriert von dieser Erfahrung ließ er sich folgendes Rätsel einfallen: »Aus dem, der frisst, kam Nahrung; aus dem Starken kam Süßes« (Ri 14,14 NLB).

Darin findet sich ein wunderschönes Bild für uns alle. Statt von dem Löwen gefressen zu werden, bekam Simson etwas zu essen. Und von diesem starken Jäger, der ihn angriff, empfing Simson etwas Süßes. Welche geistliche Wahrheit liegt darin für uns in der heutigen Zeit? Aus jeder schlimmen und negativen Sache, die der Teufel dir heute entgegenschleudert, wird Gott für dich etwas Süßes machen. Deine Riesen werden wie Brot für dich sein. Gott wird jede schmerzliche Widrigkeit für dich in süßen Honig verwandeln!

Gebet des Tages

Herr Jesus, danke für deine mächtige Gegenwart in meinem Leben. Danke, dass du mir die Kraft und Autorität gibst, um den Teufel und seine Kohorten niederzutreten. Ich glaube, dass du jede negative Situation, die der Teufel mir entgegenschleudert, in etwas Süßes für mich verwandeln wirst. Ich erkläre, dass meine Riesen wie Brot für mich sein werden, weil du mit mir und für mich bist. Amen.

Gedanke des Tages

In Christus bin ich mit Kraft und mit Autorität über den Feind ausgerüstet worden, und Gott wird jede böse und negative Sache, die der Teufel mir entgegenschleudert, in etwas Süßes für mich verwandeln.

TAG 2

MACH DICH BEREIT, IN DIE OFFENSIVE ZU GEHEN

Denn Er, der in euch ist, ist größer als jener, der in der Welt ist.

1. JOHANNES 4,4 EÜ

Welchen Mannschaftssport du auch verfolgst, du wirst wissen, dass die Verteidigung unverzichtbar ist. Eine gute Verteidigungsstrategie lässt dich das Spiel bestreiten und sorgt dafür, dass du im Rennen bleibst. Aber mit Verteidigung allein gewinnt man keine Meisterschaft.

Das Gebet des Schutzes in Psalm 91 enthält viele Verteidigungselemente. Wir haben darüber gesprochen, im Schutz des Allmächtigen zu sein, im Schatten des Allerhöchsten zu wohnen und den Herrn zu unserer Zuflucht und sicheren Festung zu machen. Wir haben gesehen, wie wir von seinen Flügeln bedeckt sind und von seinem Engelsheer behütet werden. Bist du jetzt, da wir unser Defensivspiel abgehandelt haben, bereit, in die Offensive zu gehen?

Sicher gibt es Momente und Zeiten, in denen wir am besten in Deckung gehen und uns Schutz geben lassen. Der Herr ist unser sicherer Unterschlupf, unser Zufluchtsort und unsere undurchdringliche Festung, und ich liebe die Tatsache, dass wir in ihm Zuflucht finden dürfen. Doch das Gebet des Schutzes erklärt in Vers 13 (ELB) außerdem Folgendes: Auf Löwen und Vipern **trittst du**, Junglöwen und Schlangen **trittst du nieder**.

So wird eine Offensivstellung eingenommen. So führt man einen Angriff aus. Auf diese Weise ergreift man Autorität!

Im Lukasevangelium sehen wir, wie unser Herr Jesus siebzig Jünger gegen das Reich der Finsternis aussendet. Er sandte sie in Zweiergruppen aus, »wie Lämmer mitten unter die Wölfe« (Lk 10,3). Hast du jemals *gesehen*, wie ein Lamm einen Wolf überwältigt? Ganz sicher nicht. Weißt du, diese Autorität, von der hier die Rede ist, ist keine natürliche Autorität. Wie ein Lamm haben auch wir aus uns selbst heraus keine Macht. Die Autorität, von der ich spreche, ist eine übernatürliche Autorität, die von unserem Herrn Jesus Christus kommt – genauso wie es auch eine übernatürliche Stärke war, die Simson dazu befähigte, den jungen Löwen zu zerreißen.

Auf allen Abbildungen, die ich bislang von Simson gesehen habe, wird er immer als kräftiger und muskulöser Mann dargestellt. Persönlich denke ich, er könnte auch klein und schmächtig gewesen sein, jedoch ausgestattet mit übernatürlicher Kraft und Macht von Gott. Im Natürlichen betrachtet war Simson, der sich mit bloßen Händen einem Löwen stellte, vergleichbar mit einem Lamm, das es mit einem Wolf aufnimmt. Doch wir wissen, dass der, der in uns ist, größer ist als jeder Jäger, der in dieser Welt ist. Amen!

Mein Freund, in Christus bist du weitaus stärker, als du denkst. Du magst vielleicht nicht so aussehen und dich auch nicht so fühlen, aber Gott benutzt immer das, was nach dem Maßstab der Welt schwach ist, um die Weisen und Mächtigen zu beschämen (siehe 1Kor 1,27). Denk daran, nicht immer machen die Schnellsten das Rennen und auch die Starken gewinnen nicht jeden Kampf (siehe Pred 9,11). Es ist *der Herr*, der letztendlich bestimmt, wer siegreich hervorgeht. Und da der Herr für dich ist, wer kann da noch gegen dich sein (siehe Röm 8,31)!

Gebet des Tages

Vater im Himmel, danke für deine Zusicherung, dass ich auf den Feind treten und ihn unter meinen Füßen zermalmen werde. Danke, dass du mich in Christus Jesus mit übernatürlicher Kraft und Macht ausgerüstet hast, sodass ich mich vor dem Feind nicht fürchten muss und Sieg über ihn haben kann. Ich erkläre, dass der, der in mir ist, größer ist als der Feind, der in der Welt ist. Amen.

Gedanke des Tages

In und aus mir selbst habe ich keine Kraft, aber ich habe übernatürliche Autorität und Kraft durch den Herrn Jesus Christus, um den Feind unter meinen Füßen zu zermalmen.

TAG 3

DER FEIND IST UNTER DEINEN FÜSSEN

Die Siebzig aber kehrten mit Freuden zurück und sprachen: Herr, auch die Dämonen sind uns untertan in deinem Namen! Da sprach er zu ihnen: Ich sah den Satan wie einen Blitz vom Himmel fallen. Siehe, ich gebe euch die Vollmacht, auf Schlangen und Skorpione zu treten, und über alle Gewalt des Feindes; und nichts wird euch in irgendeiner Weise schaden.
LUKAS 10,17–19

In der gestrigen Andacht sahen wir, wie unser Herr Jesus siebzig Jünger gegen das Reich der Finsternis »wie Lämmer mitten unter die Wölfe« (Lk 10,3) aussendet. Sieh dir in der heutigen Bibelstelle die Unterhaltung zwischen diesen siebzig Jüngern und dem Herrn an, nachdem sie zurückgekehrt waren. Mein Freund, die Kraft und Vollmacht, die unser Herr Jesus ihnen gab, ist dieselbe Kraft und Vollmacht, die wir als Gläubige der heutigen Zeit haben!

Römer 16,20 erklärt, dass der Gott des Friedens Satan unter unseren Füßen zermalmen wird. Er ist ein besiegter Feind. Die Bibel ist sehr konsequent und platziert den Teufel durchgängig unter deinen Füßen (siehe 1Mo 3,15; Eph 1,22). Du bist den Angriffen des Feindes nicht schutzlos ausgeliefert. Stell ihn nicht auf ein Podest, so als habe er die Macht und Herrschaft über dich. Rufe dir in Erinnerung, dass du in Christus »hoch über jedes Fürstentum und jede Gewalt, Macht und Herrschaft« gesetzt bist (Eph 1,21) und jeden Löwen und jede Schlange niedertreten wirst!

Wenn wir heute gegen den Feind in die Offensive gehen, üben wir unsere Autorität als Gläubige aus. Wie tun wir das? Wir schwingen das Schwert des Geistes, welches das Wort Gottes ist! Unsere Vollmacht, unsere Stärke und unser Sieg sind in seinem Wort zu finden.

Sieh dir an, wie die Bibel die Waffenrüstung Gottes beschreibt: So steht nun fest, eure Lenden umgürtet mit Wahrheit, und angetan mit dem Brustpanzer der Gerechtigkeit, und die Füße gestiefelt mit der Bereitschaft [zum Zeugnis] für das Evangelium des Friedens. Vor allem aber ergreift den Schild des Glaubens, mit dem ihr alle feurigen Pfeile des Bösen auslöschen könnt, und nehmt auch den Helm des Heils und das Schwert des Geistes, welches das Wort Gottes ist (Eph 6,14–17).

Ist dir aufgefallen, dass das Schwert des Geistes das einzige offensive Teil der Rüstung ist? Deshalb bekämpfte unser Herr Jesus jede Angriffswelle des Feindes mit dem Schwert des Geistes – er setzte das geschriebene Wort Gottes ein.

Wenn wir das Gebet des Schutzes in Psalm 91 sprechen, beten wir gemäß dem Wort Gottes und schwingen damit das Schwert des Geistes. Ganz gleich also, welche Botschaft dich anbrüllt, ob sie nun von Ärzten, der Bank oder den Medien kommt, nimm deine Position der Vollmacht ein und nimm Schriftstellen in Anspruch, die zu deiner Situation passen. Schlage mit dem Wort Gottes zurück!

Gebet des Tages

Vater Gott, danke, dass der Teufel unter meinen Füßen ist, weil ich in Christus bin. Danke, dass du mir Vollmacht über alle Macht des Feindes gegeben hast und dass mir nichts in irgendeiner Weise schaden wird. Danke für dein Wort, das Schwert des Geistes, mit dem ich jeden Angriff des Feindes kontern und den Sieg erleben kann. Amen.

Gedanke des Tages

Ich habe Vollmacht über alle Macht des Feindes und ich habe das Schwert des Geistes, um damit gegen jeden Angriff in die Offensive zu gehen.

TAG 4

ERGREIFE DIE AUTORITÄT ÜBER DEINE SITUATION

Da sprach Petrus: Silber und Gold habe ich nicht; was ich aber habe, das gebe ich dir: Im Namen Jesu Christi, des Nazareners, steh auf und geh umher!

APOSTELGESCHICHTE 3,6

In der gestrigen Andacht sahen wir, wie du die Autorität über deine Situation ergreifen kannst, indem du dich auf das Wort Gottes stellst. Lies mit mir dieses wunderbare Zeugnis von Gisele aus Texas, das zeigt, wie das funktioniert:

Mein Ehemann musste wegen einer Hiatushernie (Zwerchfellbruch) operiert werden. Es war ein einfacher Eingriff, bei dem das betroffene Gebiet mit einem Stück chirurgischem Netz verschlossen wurde, und er konnte noch am selben Tag nach Hause zurückkehren. Nachdem wir zu Hause angekommen waren, ging es ihm jedoch zunehmend schlechter. Er fühlte sich aufgebläht, hatte starke Schmerzen und bekam Fieber. Er wurde ins Krankenhaus zurückgebracht, wo wir die folgende Woche verbrachten.

Wie sich herausstellte, wurden alle diese Probleme von einem Darmverschluss verursacht. Ein weiterer OP-Termin wurde angesetzt. Um ehrlich zu sein, fühlten wir uns an diesem Punkt sehr entmutigt und am Boden. Dann erinnerte ich mich, dass ich einige Wochen zuvor von Joseph Prince gelernt hatte, wie Christen das Kommando übernehmen und den Symptomen unter Verwendung des Wortes Gottes befehlen sollen, zu verschwinden. Ich sprach mit meinem Mann darüber und wir beteten, wobei wir Gottes Wort aussprachen. Ich befahl auch dem Darmverschluss, im Namen Jesu, zu verschwinden.

Später am selben Abend wurde der Bauchraum meines Mannes mehrmals untersucht. Es handelte sich hierbei um Untersuchungen, die das Krankenhaus seit seiner Einlieferung zweimal täglich vornahm, um die Entwicklung seines Zustands bewerten zu können. Am nächsten Morgen, während die Untersuchungen erneut durchgeführt wurden, begann mein Mann, sich großartig zu fühlen, und kündigte an, dass er nach Hause gehen würde.

Der behandelnde Arzt war von dieser enormen Besserung begeistert und sagte uns, dass der Verschluss, der in allen vorherigen Untersuchungen zu sehen war, in den beiden letzten Untersuchungen nicht mehr gefunden werden konnte. Somit wurde mein Mann entlassen und ging nach Hause. Preis den Herrn für seinen Schutz und seine Heilung!

Alle Ehre gehört unserem Herrn Jesus Christus. Ich liebe es, wie Gisele nicht die Flucht ergriff oder erstarrte, als sie unter Beschuss geriet, obwohl sie als Ehepaar angesichts des ärztlichen Befunds entmutigt waren. Schnell setzte sie in die Praxis um, was sie von mir über das Ausüben von Autorität – durch den Gebrauch des Wortes – gelernt hatte. Sie und ihr Ehemann beteten, sprachen Gottes Wort über seinen Körper aus, *und* im Namen Jesu befahl sie den negativen Symptomen zu verschwinden – genau so, wie es auch der Apostel Petrus in der Apostelgeschichte tat.

Das, mein Freund, ist die Art, wie wir heute gegen den Feind in die Offensive gehen.

Gebet des Tages

Himmlischer Vater, danke, dass ich bei jeder negativen Nachricht, die mich anbrüllt, gemäß deinem Wort beten und das Schwert des Geistes schwingen kann, um Sieg zu sehen. Danke, dass ich stets meine Autorität in Christus ausüben kann, indem ich dein Wort der Heilung und des Schutzes über mein Leben und das meiner Familie ausspreche. Amen.

Gedanke des Tages

Bei jeder negativen Nachricht, die mich anbrüllt, übe ich meine Autorität in Christus aus und entscheide mich, Gottes Wort auszusprechen, um Sieg zu erleben.

TAG 5

DER BRÜLLENDE LÖWE

Seid nüchtern und wacht! Denn euer Widersacher, der Teufel, geht umher wie ein brüllender Löwe und sucht, wen er verschlingen kann.
1. PETRUS 5,8

Ist es in obiger Schriftstelle nicht interessant, dass der Teufel nach Menschen *suchen* muss, die er verschlingen *kann*? Das bedeutet, er kann nicht jeden verschlingen. Übergib ihm nicht deine Autorität, sodass du unter jenen zu finden bist, die er verschlingen kann! Ist dir außerdem aufgefallen, dass er wie »ein brüllender Löwe« umherstreift? Ich fragte den Herrn, warum der Teufel als brüllender Löwe und nicht als irgendeine andere Kreatur umhergeht. Er führte mich zu Sprüche 19,12, wo es heißt: »**Wie das Brüllen des Löwen** *ist* der Zorn des Königs.« Der Teufel ist ein Lügner und Betrüger. Er streift wie ein Löwe umher, weil er damit den König der Könige imitiert, unseren Herrn Jesus, den wahren Löwen von Juda. Er möchte den Menschen weismachen, dass unser König voller Zorn, Ärger und Wut gegen uns ist. Er brüllt uns deshalb mit der Stimme der Verdammung, Anklage und Beschämung an.

Satan möchte dir den Eindruck vermitteln, Gott sei zornig auf dich, weil du ihm gegenüber versagt hast, und er sei deshalb nicht nur enttäuscht von dir, sondern geradezu außer sich vor Zorn. Wenn du das tatsächlich über Gott glaubtest, würdest du dann Zuflucht unter dem Schutz seiner Flügel suchen? Würdest du deine rechtmäßige Position der Vollmacht, Kraft und Stärke einnehmen? Natürlich nicht. Du würdest stattdessen die Flucht vor Gott ergreifen!

Gläubige, die unter einer Wolke der Verdammnis leben, werden das Gebet des Schutzes nicht beten. Sie fühlen sich nicht würdig, Gottes Verheißungen in Anspruch zu nehmen, und erwarten sogar, von Gott bestraft und verurteilt zu werden. Und genau dort möchte der Teufel dich haben. Wenn du vor Gott wegläufst, läufst du damit direkt in die Falle des Teufels hinein. Wenn du deinen Platz in der vertrauten Nähe zu Gott aufgibst, verzichtest du damit auch auf deine Autoritätsposition.

Lieber Freund, eines musst du wissen: Du bist geliebt. Gott ist nicht böse auf dich. In Christus kannst du die sichere Zuversicht haben, dass dir vergeben ist, dass du geliebt und gerecht bist (siehe Eph 1,7; Röm 8,37; 2Kor 5,21). Der Herr Jesus hat deine volle Bestrafung am Kreuz auf sich genommen, damit du heute seine unverdiente, nicht durch eigene Arbeit oder Leistung erworbene Gunst genießen kannst. Gott sieht dich *in Christus*, der völlig makellos und frei von Schuld ist.

Auf der Grundlage unserer eigenen Taten hat keiner von uns Anspruch auf seinen Schutz. Doch aufgrund dessen, was unser Herr Jesus für uns am Kreuz getan hat, können wir alle voller Zuversicht zu seinem Thron der Gnade kommen (siehe Hebr 4,16). Infolge dessen, was er getan hat, sind wir berechtigt, im Schutz des Königs der Könige zu wohnen, wo der verlogene »brüllende Löwe« keine Macht über uns hat!

Gebet des Tages

Lieber Herr Jesus, danke, dass du am Kreuz meine ganze Bestrafung auf dich genommen hast, sodass der Vater mich heute in Christus völlig makellos und frei von Schuld sieht. Danke, dass du mich in eine vertraute Beziehung mit dir gebracht hast, in der ich in deiner Liebe und deinem Schutz ruhen kann. Während ich mich in deinem Schutz berge, erkläre ich, dass der verlogene »brüllende Löwe« keine Macht über mich hat. Amen.

Gedanke des Tages

Gott sieht mich in Christus, der völlig makellos und frei von Schuld ist. Aufgrund dessen, was der Herr Jesus für mich am Kreuz getan hat, kann ich den geschützten Ort betreten, wo der verlogene »brüllende Löwe« keine Macht über mich hat.

TAG 6

MUTIG WIE EIN LÖWE

»Der Zorn des Königs ist wie Löwengebrüll,
doch ***seine Gunst ist wie Tau auf dem Gras.«***
SPRÜCHE 19,12 NEÜ

Mit unserer gestrigen Lehre über den brüllenden Löwen aus Sprüche 19,12 fortfahrend, möchte ich, dass du den Vers in seiner Gesamtheit siehst. Heute dürfen wir die Nutznießer von Gottes Gunst sein, weil sein Zorn auf unsere Sünden auf Golgatha vollständig zufriedengestellt wurde. Auf Hebräisch lautet das für »Gunst« verwendete Wort *razon*, was »sein Wohlgefallen, seine Freude, seine Annahme und Gunst« bedeutet.[22]

Unser Ort des Schutzes wurde mit dem Blut unseres Herrn Jesus Christus erkauft. In ihm sind wir gerecht gemacht worden, und alle Segnungen der Gerechten, einschließlich Schutz, Versorgung und langes Leben, sind unser Erbe. Das ist heute unsere Position. Ist das nicht wunderbar? Kein Wunder, dass die Bibel uns sagt: »Der Gottlose flieht, auch wenn niemand ihn jagt, aber die Gerechten sind furchtlos wie ein junger Löwe« (Spr 28,1). Weiter sagt sie uns: »Das Gebet eines Gerechten vermag viel und erweist sich als wirksam« (Jak 5,16 NEÜ). In Christus bist du ein Gerechter (oder eine Gerechte), und wenn du das Gebet des Schutzes in Psalm 91 betest, werden deine Gebete wirksam sein, denn Gott ist es, der deine Gebete beantwortet!

Ich erhielt ein Zeugnis über Gottes übernatürlichen Schutz von Sally, die in Südafrika lebt. Lass dich davon ermutigen, wie sie in dem Wissen um ihre Gerechtigkeit in Christus für Schutz betete:

Ich war mit einem Leihwagen unterwegs, als ich plötzlich einen lauten Knall hörte. In Sekundenschnelle brannte das Fahrzeug. Ich machte sofort den Motor aus und wollte aussteigen. Doch zu meinem großen Schrecken konnte ich weder den Sicherheitsgurt entriegeln noch die Tür öffnen! Ich war gefangen.

Endlich schaffte ich es doch noch, die Tür zu öffnen. Inzwischen drohten die Flammen in den Innenraum zu schlagen und ich musste die Fahrertür wieder schließen, weil ich in meinem Sicherheitsgurt gefangen war. Ich rief zu meinem Abba-Vater und sagte einfach: »Ich bin deine Gerechtigkeit. Du bist der Einzige, der mich retten kann!« Während diese Worte in meinen Ohren und in meinem Herzen nachhallten, hörte ich ein Klicken und der Sicherheitsgurt löste sich aus dem Schloss. Ich stürzte aus dem Wagen.

Unterdessen kam die Feuerwehr an und konnte den Brand löschen. Ich preise den Herrn dafür, dass er mich aus dieser gefährlichen Situation befreit und in Sicherheit gebracht hat! Ich erkannte, dass der Teufel schon vor langem besiegt wurde und wir uns vor nichts mehr fürchten müssen.

Preis den Herrn für seine Befreiung und seinen Schutz. Ich freue mich, dass wir dank der Gerechtigkeit, die wir in Christus haben, vor aller Gefahr beschützt werden!

Gebet des Tages

Abba, Vater, danke, dass deine Gunst mich bedeckt wie Tau das Gras. Danke, dass ich in deinem Sohn gerecht gemacht wurde und dass all die Segnungen der Gerechten, einschließlich Schutz, Versorgung und ein langes Leben, mir gehören. Ich kann dem Leben mit Zuversicht begegnen und in meinen Gebeten kühn sein, weil ich weiß, dass du mich hörst und dass du antworten wirst. Amen.

Gedanke des Tages

In Christus bin ich gerecht gemacht worden und all die Segnungen der Gerechten, einschließlich Schutz, Versorgung und ein langes Leben, sind mein Erbe. Ich kann dem Leben mit Zuversicht begegnen und in meinen Gebeten kühn sein.

TAG 7

GIBT ES FÜR DEN GLÄUBIGEN KEIN LEID?

Denn euch wurde, was Christus betrifft, die Gnade verliehen, nicht nur an ihn zu glauben, sondern auch um seinetwillen zu leiden.

PHILIPPER 1,29

Sage ich, dass es im Leib Christi kein Leid gibt? Mein lieber Leser, keine dieser Wahrheiten aus Gottes Wort über Bewahrung bestreitet die Tatsache, dass wir dazu berufen sind und es als Privileg betrachten dürfen, um seines Namens Willen Verfolgung zu erleiden, wie es der Apostel Paulus im heutigen Bibelvers feststellt. Darüber hinaus teilt Paulus seinem Schützling Timotheus mit: »Und alle, die gottesfürchtig leben wollen in Christus Jesus, *werden* Verfolgung erleiden« (2Tim 3,12). Jesus selbst sagte, dass jene, die ihm nachfolgen, um seines Namens willen Verfolgung leiden würden (siehe Mt 10,22). Sei dir jedoch bewusst, dass diese Verfolgung nichts mit unheilbaren Krankheiten, tragischen Unfällen oder vorzeitigem Tod zu tun hat.

»Aber Pastor Prince, war Hiob nicht ein gerechter Mann, der furchtbares Leid ertragen musste?«

Ich habe eine ganze Predigt über Hiob gehalten und es ist nicht Gegenstand dieses Buches, die volle Bandbreite von Hiobs Leiden abzudecken. Als Zugabe kannst du jedoch die vollständige Predigt als Audiodatei auf Englisch kostenlos hier herunterladen: JosephPrince.com/whataboutjob. Für den Moment möchte ich nur, dass du verstehst, dass das, was Hiob widerfuhr, nichts ist, was dir heute als jemandem, der IN

CHRISTUS ist, widerfahren kann. Weißt du, eine von Hiobs Klagen war folgende: »Es gibt auch keinen Mittler zwischen uns, der seine Hand auf uns beide legen könnte« (Hiob 9,33). Und nun lies die kraftvollen Worte von Elihu aus Hiob 33,23–24, mit welchen er diesen Mittler beschreibt: »Wenn es dann für ihn einen Gesandten gibt, einen Mittler, einen aus Tausenden, der dem Menschen Seine Gerechtigkeit verkündigt, so wird Er sich über ihn erbarmen und sprechen: ›Erlöse ihn, damit er nicht ins Verderben hinabfahre; ich habe ein Lösegeld gefunden!‹«

Elihus Beschreibung eines Mittlers lässt erahnen, was 1. Timotheus 2,5–6 uns sagt: »Denn *es ist* ein Gott und ein Mittler zwischen Gott und den Menschen, *der* Mensch Christus Jesus, der sich selbst als Lösegeld für alle gegeben hat. [Das ist] das Zeugnis zur rechten Zeit.« Hiob durchlebte sein Leid, weil er keinen Mittler hatte. Doch du und ich, wir haben heute einen Mittler – in der Person unseres Herrn Jesus, der am Kreuz starb, um unsere Sünden zu sühnen, und uns auf diese Weise gerecht vor Gott machte. Er wurde zu unserem Lösegeld (das hebräische Wort für »Lösegeld« kommt von dem Wurzelwort *kapar* und bedeutet »Sühnung erwirken«[23]).

Lieber Freund, das sühnende Blut Christi hat alle Rechtsansprüche, die der Feind gegen dich und deine Familie hatte, aufgehoben. Wenn du alles empfängst, was sein vollkommenes Opfer am Kreuz für dich bewirkt hat, brauchst du nicht in der Furcht zu leben, dass es dir so ergehen könnte wie Hiob. Anders als Hiob hast du einen Mittler – Christus Jesus. In ihm kannst du dich auf eine Zukunft freuen, die erfüllt ist von seinen Verheißungen, Segnungen und seinem Schutz (siehe Ps 23,6)!

Gebet des Tages

Vater, danke für das sühnende Blut Christi, das alle Rechtsansprüche, die der Feind gegen mich und meine Familie hatte, aufgehoben hat. Ich entscheide mich, alles zu empfangen, was das vollkommene Opfer Jesu für mich bewirkt hat. Und ich sehe einer Zukunft entgegen, die erfüllt ist von deinen Verheißungen, Segnungen und deinem Schutz. Amen.

Gedanke des Tages

Ich habe keinen Grund, mich zu fürchten, weil das sühnende Blut Christi alle Rechtsansprüche, die der Feind gegen mich und meine Familie hatte, aufgehoben hat.

TAG 8

VOLLMACHT ÜBER DEN TOD

Denn ich werde schon geopfert, und die Zeit meines Aufbruchs ist nahe. ***Ich habe den guten Kampf gekämpft, den Lauf vollendet,*** *den Glauben bewahrt. Von nun an liegt für mich die Krone der Gerechtigkeit bereit, die mir der Herr, der gerechte Richter, an jenem Tag zuerkennen wird, nicht aber mir allein, sondern auch allen, die seine Erscheinung lieb gewonnen haben.*

2. TIMOTHEUS 4,6–8

An diesem Punkt magst du die Frage stellen: *Wenn wir als Gläubige Vollmacht über den Feind haben, warum starben dann der Apostel Paulus und einige andere Apostel den Märtyrertod? Besaßen sie nicht die nötige Vollmacht, um die Feinde, die ihnen nach dem Leben trachteten, zu zermalmen?*

Zunächst möchte ich dir zu bedenken geben, dass sie aus freien Stücken als Märtyrer starben – das war nichts, wovon sie überrumpelt wurden. Lass mich dir das anhand von Gottes Wort belegen.

Hebräer Kapitel 11 zählt die erstaunlichen Helden des Glaubens bis zurück zum Anfang der Zeit auf, »die durch Glauben Königreiche bezwangen, Gerechtigkeit wirkten, Verheißungen erlangten, die Rachen der Löwen verstopften; sie haben die Gewalt des Feuers ausgelöscht, sind der Schärfe des Schwertes entkommen, sie sind aus Schwachheit zu Kraft gekommen, sind stark geworden im Kampf, haben die Heere der Fremden in die Flucht gejagt. Frauen erhielten ihre Toten durch Auferstehung wieder; andere aber ließen sich martern und **nahmen die Befreiung nicht an**« (Hebr 11,33–35). Die Formulierung »nahmen die Befreiung nicht an« zeigt uns, dass ihnen Befreiung *angeboten* wurde, sie jedoch *beschlossen, sie nicht anzunehmen*. Der Grund hierfür war ihr Entschluss, bei Jesus sein zu wollen, »um eine bessere Auferstehung zu erlangen«.

Lies, wie der Apostel Paulus über sein Leben sprach: »Denn Christus ist mein Leben, **aber noch besser wäre es, zu sterben** und bei ihm zu sein. Doch wenn ich lebe, dann trägt meine Arbeit für Christus Früchte. Deshalb weiß ich wirklich nicht, was ich wählen soll. Ich fühle mich zwischen zwei Wünschen hin und her gerissen: Ich sehne mich danach, zu sterben und **bei Christus zu sein, denn das wäre bei weitem das Beste**. Doch für euch ist es besser, wenn ich lebe. Darauf vertraue ich und deshalb werde ich bei euch bleiben, damit ihr im Glauben wachst und erlebt, welche Freude der Glaube bringen kann« (Phil 1,21–25 NLB).

Hey, das sind die Worte eines Mannes, der Macht über Leben und Tod hatte! Das ist weit entfernt von so mancher irrigen Lehre, die ich von Leuten gehört habe, die behaupten, »wenn deine Zeit kommt«, stirbst du, und in dieser Sache hast du kein Mitspracherecht. Ich weiß nicht, was deren Bibeln sagen, aber meine Bibel sagt: »Ich will *dich sättigen* mit langem Leben« (siehe Ps 91,16 LUT). Jedem von uns steht es frei, seinen Glauben zu nutzen und hinsichtlich eines langen Lebens auf Gott zu vertrauen. Wie lang dieses Leben ist? Das hängt von dir ab – es geschehe gemäß deinem Glauben und deiner »Sättigung«.

Was den Apostel Paulus betrifft, wissen wir, dass er schon vor seinem Märtyrertod lebenssatt *war*, denn im letzten Kapitel seines letzten Briefes fügte er diesen Nachtrag an: »Denn ich werde schon geopfert, und die Zeit meines Aufbruchs ist nahe. **Ich habe den guten Kampf gekämpft, den Lauf vollendet**, den Glauben bewahrt. Von nun an liegt für mich die Krone der Gerechtigkeit bereit« (2Tim 4,6–8). Er befand, er habe einen guten Kampf gekämpft und den Lauf vollendet. Es war genug; er war gesättigt. Wir sehen hier einen Mann mit Vollmacht über den Tod. Paulus wurde nicht ermordet; er war bereit zu gehen.

Es gibt allerdings frühere Beispiele in Paulus' Leben, in denen er sich noch nicht bereit zum Abschied zeigte. Einmal, als er in Lystra gesteinigt wurde und man ihn aus der Stadt schleifte, weil man ihn für tot hielt, weißt du, was er da tat? Er stand auf, ging zurück in die Stadt und fuhr damit fort, das Evangelium der Gnade zu predigen (siehe Apg 14,19–21). Der Tod hatte keine Macht über ihn! Bei einer anderen Gelegenheit, als er auf der Insel Malta war, biss ihn eine giftige Schlange, die er einfach ins Feuer schleuderte. Die Schlange hatte keine Macht über den Apostel Paulus.

Lieber Leser, heute gehört dir und mir dieselbe Vollmacht über den Feind, die auch der Apostel Paulus hatte. Womit der brüllende Löwe oder die giftige Schlange dich heute auch angreift, denke immer daran, dass sein ordnungsgemäßer Platz unter deinen Füßen ist. Halleluja!

Gebet des Tages

Vater im Himmel, ich entscheide mich, meinen Glauben zu nutzen und darauf zu vertrauen, dass du mir ein langes Leben voller guter Tage schenkst. Ich erkläre, dass die Angriffe des Feindes gegen mich nichts ausrichten können, weil ich dir gehöre und mein Leben mit dem kostbaren Blut Jesu erkauft wurde. Danke, dass du mir ein langes, erfülltes Leben gibst. Amen.

Gedanke des Tages

Der Tod kann mir nicht vorschreiben, wann meine Zeit gekommen ist, denn ich vertraue auf Gott, dass er mir ein langes, erfülltes Leben voller guter Tage schenkt.

ABSCHNITT 10

VON DER LIEBE DES VATERS BESCHÜTZT

»Er liebt mich, darum will ich ihn erretten;
er kennt meinen Namen, darum will ich ihn schützen.«
PSALM 91,14 LUT

TAG 1

GOTT LIEBTE UNS SO SEHR

»Er liebt mich, darum will ich ihn erretten;
er kennt meinen Namen, darum will ich ihn schützen.«
PSALM 91,14 LUT

Was gibt dir das Anrecht auf Gottes Schutz? Ich stelle diese Frage, weil ich viele Prediger gehört habe, deren Lehren den Anschein erwecken, man müsse sich für Gottes Segnungen *qualifizieren*. Sie lassen es klingen, als segne Gott dich *nur*, wenn du fähig bist, den Herrn von ganzem Herzen, mit deiner ganzen Seele und all deinem Denken zu lieben. Dasselbe gilt für deinen Schutz. Wenn sie lesen: »Er liebt mich, **darum** will ich ihn erretten«, schließen sie daraus, Gottes Schutz hinge davon ab, dass wir die Bedingung, den Herrn vollkommen zu lieben, erfüllen.

Unglücklicherweise rauben solche Lehren dir das Vertrauen und den Glauben an Gottes Schutz für dich und deine Angehörigen. Alles, was von *deinen* Bemühungen und von *deiner* Liebe zu Gott abhängt, steht auf wackeligen Füßen. Selbst wenn wir uns für noch so »gute« Christen halten, unsere Liebe für den Herrn *wird* trotzdem versagen. Genau aus diesem Grund hat Gott seinen Sohn gesandt. Er wusste, dass die Menschen nie in der Lage sein würden, alle seine Gebote zu erfüllen. Als er seinen Sohn sandte, sagte er uns damit: »Ich weiß, du kannst es nicht, also lass zu, dass *ich* dich mit meinem ganzen Herzen, mit all meinem Denken und mit meiner ganzen Kraft liebe.« Darin besteht die wundervolle Liebesgeschichte, die wir das Evangelium Jesu Christi nennen.

Gott liebte die Welt SO sehr, dass er uns seinen einziggeborenen Sohn schickte, um uns zu erretten und freizukaufen. Der Herr Jesus Christus selbst erfüllte *alle* Bedingungen des Gesetzes. Selbst wenn wir heute in unserer Liebe zu ihm schwanken oder sogar versagen, erlöst er uns trotzdem vom Bösen!

Wenn es eine Schriftstelle gibt, die den Kern des Gnadenbundes auf den Punkt bringt, dann ist es diese: »**Nicht** darin besteht die Liebe, **dass wir Gott geliebt haben, sondern dass er uns geliebt** und seinen Sohn als Sühne für unsere Sünden gesandt hat« (1Joh 4,10 EÜ). Ich bete, dass sich dein Herz in dieser Offenbarung verankert. Die Betonung im neuen Bund liegt auf Gottes Liebe zu dir, nicht auf deiner Liebe zu Gott.

Sage ich damit, dass deine Liebe zu Gott unwichtig ist? Selbstverständlich nicht. Was ich damit sage, ist, dass deine Liebe zu ihm immer schwanken wird, doch seine Liebe wird *niemals* versagen. Die Bibel erklärt: »Die Gnade des Herrn **nimmt kein Ende**! Sein Erbarmen hört nie auf, jeden Morgen ist es neu« (Klgl 3,22–23 NLB). Ich bin so dankbar, dass wir unter dem neuen Bund der erstaunlichen Gnade Gottes leben, wo wir uns auf *seine* bedingungslose, unveränderliche und unwiderrufliche Liebe verlassen können!

Gebet des Tages

Abba, Vater, danke, dass du mich so sehr liebtest, dass du deinen einziggeborenen Sohn sandtest, um mich zu retten und loszukaufen. Danke, dass deine Liebe niemals schwankt und nie versagt, obwohl meine Liebe zu dir unvollkommen ist und versagt. Ich bin so dankbar für deine erstaunliche Gnade, die allein mir Anrecht auf deinen Schutz gibt. Amen.

Gedanke des Tages

Es ist die unveränderliche und unwiderrufliche Liebe Gottes zu mir – nicht meine unvollkommene Liebe zu ihm –, die mir das Anrecht auf seinen Schutz gibt.

TAG 2

DAS KREUZ HAT ALLES VERÄNDERT

Denn er hat den, der von keiner Sünde wusste,
für uns zur Sünde gemacht, damit wir in ihm
[zur] Gerechtigkeit Gottes würden.
2. KORINTHER 5,21

Unter dem alten Bund stimmte es, dass Gottes Schutz an Bedingungen geknüpft *war*. Doch für dich und mich heute ist es entscheidend, Psalm 91 durch die Brille des neuen Bundes zu lesen und zu verstehen – durch die Brille des Kreuzes. Wir leben nicht länger unter dem alten Bund. Wir haben einen neuen und lebendigen Weg (siehe Hebr 10,20)! Unter dem alten Bund wird Schutz *errungen*. Unter dem neuen Bund wird er *empfangen*. Ich habe die Unterschiede zwischen Gesetz und Gnade in meinen anderen Büchern wie *Zur Herrschaft bestimmt* und *Die Revolution der Gnade* ausführlich dargelegt, also werde ich dieses Thema hier nicht weiter vertiefen. Ich möchte dir an dieser Stelle nur eines verständlich machen: *Das Kreuz hat alles verändert.*

Am Kreuz hat Gott »den, der keine Sünde kannte, für uns zur Sünde *gemacht*, damit wir in ihm Gerechtigkeit Gottes würden« (2Kor 5,21 EÜ). Heute *sind* wir die Gerechtigkeit Gottes in Christus! Weil wir gerecht sind in Christus, können wir die Verheißung von Psalm 5,13 empfangen, die erklärt: »Denn du, Herr, segnest den Gerechten; du umgibst ihn mit Gnade wie *mit* einem Schild.« Naturgemäß können wir nicht immer alles im Auge behalten und auf uns aufpassen. Aber Gott schützt uns rundum. Seine im Überfluss vorhandene Gnade (unverdiente Gunst) umschließt uns wie ein mächtiges und undurchdringliches Kraftfeld – einmal komplett um uns herum und rund um die Uhr!

Um zu Psalm 91,14 zurückzukommen: Wie lieben wir Gott heute? Wir lieben Gott, indem wir über seine Liebe zu uns nachdenken, über sie reden und zuhören, wenn über sie gepredigt wird! Vergiss nicht, es geht nicht um unsere Liebe zu ihm, sondern um seine Liebe zu uns. Es geht darum, über Bibelverse wie diesen nachzusinnen: »Denn Gott hat die Welt so sehr geliebt (und innig geschätzt), dass er (sogar) seinen einzigen Sohn hingab, damit jeder, der an ihn glaubt (auf ihn vertraut, an ihm hängt, sich auf ihn verlässt), nicht verloren geht (zerstört wird), sondern das ewige (ewigwährende) Leben hat« (Johannes 3,16 NLB mit Ergänzungen aus der AMP).

Es gibt für dich Schutz und Rettung vor der Zerstörung, wenn du an Gottes Liebe zu dir glaubst. Konzentriere dich darauf, wie sehr du geliebt und wie innig geschätzt du bist. Je mehr du dir der Liebe des Herrn zu dir bewusst bist, desto stärker wird sich sein Schutz in deinem Leben zeigen!

Gebet des Tages

Herr Jesus, danke, dass ich in dir die Gerechtigkeit Gottes bin. Danke, dass Gottes im Überfluss vorhandene Gnade (seine unverdiente Gunst) mich wie ein mächtiges und undurchdringliches Kraftfeld umgibt. Ich entscheide mich, mir heute deiner Liebe zu mir bewusst zu sein und über sie nachzusinnen. Amen.

Gedanke des Tages

Gottes im Überfluss vorhandene Gnade (seine unverdiente Gunst) umschließt mich wie ein mächtiges und undurchdringliches Kraftfeld, das mich rund um die Uhr vollständig umgibt!

TAG 3

DER GOTT, DER DEM LÖWEN DAS MAUL VERSCHLIESST

Man fand nicht die geringste Verletzung an ihm, denn er hatte auf seinen Gott vertraut.

Daniel 6,23 HFA

Daniel im Alten Testament ist ein gutes Beispiel für einen Menschen, der auf die Liebe des Herrn achtet und erlebt, wie der Herr ihn rettet. Das Wort Gottes erzählt uns, dass Daniel bei König Darius so große Anerkennung fand, dass die anderen Minister alles taten, um Daniel zu verunglimpfen. Trotz aller ihrer Bemühungen mussten sie feststellen, dass er zuverlässig, gewissenhaft und ohne den geringsten Fehler war (siehe Dan 6,5 NLB). Der einzige Fallstrick, den sie ersinnen konnten, war Daniels Hingabe zu seinem Gott. (Welch eine glorreiche Anschuldigung!)

Sie beobachteten, dass Daniel ohne Ausnahme dreimal täglich in sein Haus ging, wo er in einem Raum im Obergeschoss am geöffneten Fenster Richtung Jerusalem niederkniete, um zu beten und seinem Gott zu danken. Die hinterhältigen Bediensteten brachten den König mit einer List dazu, eine Verfügung zu unterschreiben, die für einen Zeitraum von dreißig Tagen jegliche Bitte, die sich an einen Gott oder an einen anderen Menschen als König Darius richtete, untersagte. Würde die Verfügung missachtet, sollte der Schuldige in die Löwengrube geworfen werden. Sie wussten ganz genau, dass Daniel nicht aufhören würde, zu seinem Gott zu beten. Und wie erwartet ging

Daniel, obwohl er von dieser neuen Verfügung erfahren hatte, in sein Obergemach und betete zu Gott, so wie er es immer tat.

Die Bediensteten, die zu Daniels Haus gegangen waren, um ihn auf frischer Tat zu ertappen, liefen danach direkt zu König Darius. Sie erinnerten ihn an die Verfügung, die er unterschrieben hatte, und beschuldigten Daniel mit gespielter Entrüstung, den König und dessen Verfügung missachtet zu haben. Als der König ihre Anschuldigungen hörte, »missfiel es ihm«, wie die Bibel uns sagt. Sein Missfallen galt nicht Daniel, sondern ihm selbst, denn er liebte Daniel. Den Rest des Tages versuchte er alles, um Daniel zu retten (siehe Dan 6,14-15 ELB).

Doch sobald ein Gesetz der Meder und Perser rechtsgültig war, konnte es nicht mehr widerrufen werden. Der König hatte keine Wahl – er konnte nichts anderes tun, als den Befehl zu geben, Daniel in die Löwengrube werfen zu lassen. Der besorgte König verzichtete auf sein übliches Abendunterhaltungsprogramm und verbrachte die Nacht stattdessen fastend. Er wälzte sich in seinem Bett umher und machte kein Auge zu. Sehr früh am nächsten Morgen eilte der König zur Löwengrube. Die Bibel sagt uns, was geschah: Im Morgengrauen stand er auf und lief schnell zur Löwengrube. Schon von weitem rief er ängstlich: »Daniel, du Diener des lebendigen Gottes! Hat dein Gott, dem du unaufhörlich dienst, dich vor den Löwen retten können?« Da hörte er Daniel antworten: »Lang lebe der König! Mein Gott hat seinen Engel gesandt. Er hat den Rachen der Löwen verschlossen, darum konnten sie mir nichts anhaben. Denn Gott weiß, dass ich unschuldig bin, und auch dir gegenüber, mein König, habe ich kein Unrecht begangen.« Darius war glücklich und erleichtert. Sofort befahl er, Daniel aus der Löwengrube zu holen. **Man fand nicht die geringste Verletzung an ihm, denn er hatte auf seinen Gott vertraut** (Dan 6,20–24 HFA).

Nun, da du mit Psalm 91 etwas vertrauter bist, kannst du in diesem Bericht über göttliche Rettung sicherlich viele Elemente des Psalms wiedererkennen. Daniel war eindeutig ein Mensch, der tagtäglich im Schutz des Allerhöchsten, im Schatten seiner Flügel, wohnte. Daniel hing mit seinem Herzen an Gott, er betete zu ihm und dankte ihm dreimal am Tag. Wir sehen auch Gottes Engel im Einsatz und Daniel, der seine Vollmacht über furchteinflößende, hungrige Löwen ausübte, die nur wenige Meter von ihm entfernt lauerten! Tatsächlich erlitt er nicht den kleinsten Kratzer, obwohl er die ganze Nacht über in einer Grube voller Löwen eingesperrt gewesen war.

Ganz anders erging es den Bediensteten von König Darius, die gegen Daniel intrigiert hatten. Als der König sie in die Grube werfen ließ, fielen die Löwen über sie her, noch bevor sie den Boden der Grube berührten, und zermalmten ihnen alle Knochen (siehe Dan 6,25). Der Herr war wahrhaftig Daniels Zuflucht und sichere Festung – so wie er heute auch deine ist.

Gebet des Tages

Vater Gott, danke, dass du mir mit der Geschichte über Daniel zeigst, welch liebevoller und treuer Gott du bist. Ich danke dir, dass du mich vor jeder noch so heftigen Bedrohung beschützen und retten wirst, während ich mich ganz darauf konzentriere, wie sehr ich von dir geliebt werde. So werde ich freikommen, ohne den kleinsten Kratzer zu erleiden. Amen.

Gedanke des Tages

Wenn ich mich ganz darauf konzentriere, wie sehr ich von Gott geliebt werde, wird er mich schützen und retten, ganz gleich, wie heftig die Bedrohung auch sein mag.

TAG 4

TRACHTE NACH DEM BESCHÜTZER

In meinem Herzen wiederhole ich deine Worte: »Kommt vor mein Angesicht, sucht meine Nähe!« Ja, Herr, das will ich tun: ich will vor dein Angesicht treten.

PSALM 27,9 NGÜ

In der gestrigen Andacht sahen wir, dass Daniel es sich zur Gewohnheit machte, dreimal täglich zu beten. Abhängig davon, wie fest du in der Gnade Gottes gegründet bist, kannst du das als religiöse Routine betrachten, oder du kannst seine von Hingabe erfüllte Gebetszeit als einen äußeren Ausdruck seiner innigen Beziehung mit dem Herrn sehen. Bitte verstehe mich richtig. Ich sage nicht, dass wir dreimal täglich beten müssen, wenn wir den gleichen Schutz wollen, wie Daniel ihn hatte. Was ich in diesem Buch schon von Anfang an sage, ist, dass Schutz *das Ergebnis der Nähe zum Herrn und der Vertrautheit mit ihm ist.*

Es gibt keine Formeln, Schritte oder Abkürzungen, die zu einem Leben unter göttlichem Schutz führen. Geh einfach Seite an Seite mit dem Herrn durch dein Leben und du wirst, ohne darüber nachdenken zu müssen, im Schatten seiner Flügel sein. Strebe nicht nur nach dem Schutz, sondern trachte nach dem Beschützer! Du kannst Psalm 91 fünfzig Mal am Tag herunterbeten, aber wenn du keine Beziehung mit Jesus hast, wird dieses Beten keine Auswirkungen haben. Das Gebet des Schutzes ist nämlich kein Tauschhandel; es beruht auf einer *Beziehung.*

Wenn du fragen musst, wie oft am Tag du beten solltest, hast du nicht verstanden, worum es geht. Das ist gerade so, als würdest du deinen Ehepartner fragen: »Wie oft am Tag muss ich dich küssen?« Ich würde nicht wollen, dass meine Frau Wendy mir diese Frage stellt! Beziehungen entstehen im Herzen. Sie werden nicht von Formeln, Regeln oder Algorithmen bestimmt. Du küsst deinen Ehepartner aus Liebe. Es ist keine Verpflichtung; es ist ein Privileg, etwas, das uns Freude bereitet. Auch deine Beziehung zu Gott sollte nichts Mechanisches, Schablonenhaftes sein. Jeden Tag kannst du aufs Neue entscheiden, ob du über seine Liebe zu dir nachsinnen möchtest oder nicht. Daniel entschied sich dreimal am Tag dafür. Davon können wir lernen, ohne eine trockene Formel daraus zu machen.

Daniel hatte eine vertraute *Beziehung* mit dem Herrn. Und ich bete, dass auch du eine solche Beziehung zu Gott haben wirst. Die Bibel sagt uns, dass Daniel Gott in seinen täglichen Gebeten stets dankte. Es ist so gut, ein Leben zu führen, das voller Danksagung gegenüber dem Herrn ist. Jeden einzelnen Tag gibt es so viele Dinge, vor denen unser Herr uns beschützt, ohne dass es uns bewusst ist. Danke ihm für seine Liebe zu dir. Preise ihn und richte tagtäglich deine Gedanken auf ihn aus. Mache dir bewusst, wie nahe du ihm bist und wie sehr er dich liebt – und genieße den Schutz, der sich einstellt, wenn du im Schatten seiner Flügel wohnst!

Gebet des Tages

Herr Jesus, danke, dass du willst, dass ich nahe zu dir komme und dich in vertrauter Weise kenne. Ich danke dir, dass du mich sicher im Schatten deiner Flügel beschützt, während ich einfach über deine Liebe zu mir nachsinne und sie genieße. Ich entscheide mich, mein Herz auf dich auszurichten und, mehr als alles andere, dich zu suchen. Amen.

Gedanke des Tages

Es gibt keine Formeln, Schritte oder Abkürzungen, die zu einem Leben unter göttlichem Schutz führen. Der Schutz ist das Ergebnis von Nähe und Vertrautheit mit dem Herrn.

TAG 5

IM VATER GESCHÜTZT

Denn auch Christus hat einmal für Sünden gelitten, der Gerechte für die Ungerechten, damit er uns zu Gott führte; und er wurde getötet nach dem Fleisch, aber lebendig gemacht durch den Geist.

1. PETRUS 3,18

Darf ich dir in der Geschichte von Daniel ein wunderschönes Bild von Gottes Liebe zu dir zeigen? Wir sehen, wie in Daniels Fall das im Land geltende Gesetz übertreten wurde und wie der König das Gesetz vollstrecken und Daniel bestrafen musste – trotz der Liebe, die er für Daniel empfand. Hätte er es nicht getan, wäre er ein ungerechter König gewesen. Stell dir nun vor, ein Jahr später wäre jemand gekommen und hätte Daniel erneut der Gesetzesübertretung beschuldigt und seine nochmalige Bestrafung gefordert. Was hätte der König in diesem Fall getan? Hätte er Daniel ein weiteres Mal in die Löwengrube werfen lassen? Nein! Daniel war bereits verurteilt worden; er hatte den Preis für seinen Gesetzesverstoß schon bezahlt.

Mein lieber Freund, weil unser Herr Jesus an deiner Stelle am Kreuz bestraft wurde, kann der Teufel nicht zum König kommen und verlangen, dass du bestraft und in die Löwengrube geworfen wirst. Denn deine Sünden wurden nicht deshalb vergeben, weil der König einfach nur ein Auge zudrückte und dich ungeschoren davonkommen ließ. Der König vergab deine Sünden *berechtigterweise*, nachdem er sie im Körper unseres Herrn Jesus Christus bestraft hatte. Er, der vollkommen sündlos war, nahm deinen Platz ein und trug das volle Gewicht der Strafe für deine Sünden (siehe 2Kor 5,21). ALLE deine Sünden wurden durch einen rechtmäßigen Richterspruch am Kreuz verurteilt. Aufgrund seines vollbrachten Werkes ist, sobald du den Herrn Jesus in dein Herz aufgenommen hast, Gottes Recht und Gerechtigkeit auf deiner Seite!

Weißt du, wie sehr Gott Jesus, seinen geliebten Sohn und kostbaren Augapfel, liebte? Wenn ja, bete ich, dass du eine Offenbarung darüber bekommst, wie sehr der Vater im Himmel DICH liebt. Um dich loszukaufen, musste Gott den Preis mit dem Blut seines einzigen Sohnes bezahlen. Es muss eine äußerst schwierige Entscheidung für ihn gewesen sein. Niemand von uns wird je in vollem Ausmaß verstehen können, was Gott durchlebte, als er seinen eigenen geliebten Sohn ans Kreuz sandte. Wir erhaschen nur einen kurzen Blick auf die Qual, die Gott erlitt, wenn wir über König Darius' Leiden lesen. König Darius wollte Daniel retten, doch er konnte nicht gegen sein eigenes Gesetz verstoßen. Ähnlich erging es Gott; auch er liebt seinen Sohn, aber er wusste, dass es nur einen Weg gab, um uns, die wir gegen das Gesetz verstoßen hatten, zu retten, und der bestand darin, seinen eigenen Sohn, Jesus Christus, zu opfern. Möge dir diese Offenbarung seiner erstaunlichen Liebe und Gnade Zuversicht geben, um freimütig zu ihm zu kommen und unter seinen Flügeln Schutz zu finden.

Gebet des Tages

Vater Gott, danke, dass alle meine Sünden an Jesu Körper am Kreuz durch einen rechtmäßigen Richterspruch bestraft wurden. Danke, dass durch den Glauben an deinen Sohn meine Sünden berechtigterweise vergeben wurden – ein für alle Mal. Ich erkläre, dass dein Recht und deine Gerechtigkeit heute auf meiner Seite sind und mich beschützen und versorgen. Amen.

Gedanke des Tages

Weil alle meine Sünden durch einen rechtmäßigen Richterspruch am Kreuz bestraft wurden, sind Gottes Recht und Gerechtigkeit heute auf meiner Seite.

TAG 6

KENNE SEINEN NAMEN

»Ich will ihn schützen, weil er ***meinen Namen*** *kennt.«*
PSALM 91,14 ELB

Wir haben über die Namen Gottes gesprochen, die allein in den ersten beiden Versen von Psalm 91 zu finden sind, und darüber, wie sie uns Offenbarung geben und Trost spenden. Aber wusstest du, dass Jesus kam, um nur einen einzigen Namen zu offenbaren?

Unser Herr Jesus kam, um den Namen »Vater« zu offenbaren. *Vater* zeugt von Familie, von Nähe und Vertrautheit. Du kannst Gott als *Eljon*, den Höchsten, kennen. Als *El Schaddai*, den allmächtigen Gott. Als *Jahwe*, den Herrn, den bündnishaltenden Gott. Als *Elohim*, den mächtigen Schöpfer von Himmel und Erde. Alle diese Namen sind von großer Bedeutung, da jeder einzelne eine andere wunderbare Seite unseres Gottes offenbart. Doch wenn du Gott als *Vater* kennst, werden *alle* seine Fähigkeiten, Eigenschaften und seine ganze Kraft *für* dich wirksam, um dich unter seinen Schutz zu stellen und dich zu retten.

Unser Herr Jesus betete: »Bald bin ich nicht mehr in der Welt, ich komme ja zu dir, Vater, du heiliger Gott. Sie aber sind noch in der Welt. Bewahre sie in der Macht, die du mir gegeben hast, in der Macht deines Namens, damit sie eins ***sind*** so wie wir« (Joh 17,11 NEÜ). Das griechische Wort für »bewahre« ist hier *tereo*, was bewachen, bewahren, verwahren, aufbewahren und festhalten bedeutet.[24] Durch welchen Namen bleibst du beschirmt und beschützt? Durch den Namen VATER. Lieber Freund, ich möchte, dass du ohne jeden Zweifel weißt, dass du einen himmlischen Vater hast, der dich liebt, der sein Ein und Alles für dich aufgab und der aufmerksam über dich wacht!

Er ist dein Vater. Dein Papa. Dein Abba.

Mit diesem Namen möchte er von dir angesprochen werden. Wenn mein Sohn Justin einen Albtraum hat, ruft er nicht: »Pastor Prince!«. Er ruft einfach: »Abba!«, und sofort bin ich da, um es mit jedem Monster aufzunehmen, das sich unter seinem Bett versteckt. Genauso kannst auch du absolut sicher sein, dass dein Vater, wenn du nach ihm rufst, dir antworten *wird*. Du kannst voller Zuversicht sein, dass dein Vater dich und deine Familie schützt und rettet – nicht wegen deiner Liebe zu ihm, sondern aufgrund *seiner* Liebe zu dir.

Gebet des Tages

Papa Gott, danke, dass der Herr Jesus dich als unseren »Vater« offenbart hat. Danke, dass ich dich in dem Wissen, dass du mich liebst und dein Ein und Alles für mich aufgegeben hast, als meinen Abba ansprechen darf. Ich glaube und erkläre, dass ich dank deiner Liebe zu mir deinen Schutz für mich und meine Familie habe. Amen.

Gedanke des Tages

Gott ist mein Vater, mein Papa, mein Abba, der mich liebt, der sein Ein und Alles für mich aufgegeben hat, der aufmerksam über mich wacht und mich und meine Familie beschützt.

TAG 7

RUHE IN DER LIEBE DES VATERS

Denn ihr habt nicht einen Geist der Knechtschaft empfangen, dass ihr euch wiederum fürchten müsstet, sondern ihr habt den Geist der Sohnschaft empfangen, in dem wir rufen: Abba, Vater!

RÖMER 8,15

Möchtest du sehen, wie eine Offenbarung über die Liebe deines Vaters zu dir dich schützen und bewahren kann? Dann lass mich dir das herrliche Zeugnis eines Berufssportlers erzählen, der unsere Gemeinde in Dallas besucht:

> *Meine Frau und ich besuchen seit einem Jahr die Grace Revolution Church in Dallas, Texas. Es war wirklich ein Jahr größerer Herrlichkeit in jedem Bereich unseres Lebens – in unserer Ehe, unseren Finanzen, in beruflicher und auch in gesundheitlicher Hinsicht. Eine seiner erstaunlichen Liebesbezeugungen liegt noch nicht lange zurück.*
>
> *Eines Samstagabends bemerkte ich, dass mein linker Hoden vergrößert und verhärtet war und ich begann, mir Sorgen zu machen und fürchtete mich. Doch am nächsten Morgen in der Gemeinde spürte ich, wie der Herr mich durch Pastor Prince' Predigt, die übertragen wurde, tröstete. Es wurde auch für mich gebetet, wobei ich mit Öl gesalbt wurde. Als meine Frau und ich*

am Montag zum Arzt gingen, taten wir das in einem Zustand des Friedens, da **wir in der Liebe unseres Vaters ruhten***.*

Ich erhielt die Diagnose Hodenkrebs. Doch trotz dieser Diagnose entschieden wir uns, an der Diagnose des Herrn festzuhalten. Wir wussten, unser himmlischer Vater würde uns in den Entscheidungen, die zu treffen waren, leiten und fühlten einen überwältigenden Frieden inmitten des Sturms. Wir ruhten zutiefst im vollbrachten Werk Jesu und wurden von einer unerklärlichen Freude erfüllt. Wir glaubten, dass so wie Jesus ist, auch ich in meinem physischen Körper war.

Der Arzt drängte auf eine Operation, um die Zellmasse im linken Hoden zu entfernen. Folgen sollte eine Computertomografie am Freitag, um zu entscheiden, welche weiteren Behandlungsmaßnahmen notwendig wären. Während der Untersuchung empfanden wir großen Frieden bezüglich der Operation und beschlossen, den Termin für den Eingriff festzusetzen, in der festen Überzeugung, dass ich aufgrund des vollbrachten Werkes Jesu bereits geheilt war. Wir fuhren auch damit fort, uns an unsere Gerechtigkeit in ihm zu erinnern, während wir täglich das Abendmahl zu uns nahmen.

Die Operation verlief gut. Nach der Operation sprach der Arzt mit meiner Frau, wobei er sich besorgt zeigte, da die krebsbefallene Zellmasse sehr groß war und zu den Keimzellen-Mischtumoren gehörte. Trotz der Besorgnis des Arztes glaubten meine Frau und ich weiterhin, dass mein Körper völlig krebsfrei war.

Am Freitagmorgen wurde eine weitere Ultraschalluntersuchung vorgenommen, um zu sehen, ob der Krebs in die umliegenden Bereiche gestreut hatte. Ich ging zu der Untersuchung, fest darauf vertrauend, dass ich geheilt war und nichts gefunden werden würde. Als der Arzt sich die Ergebnisse ansah, war er verblüfft. Die Ultraschalluntersuchung ergab, dass ich völlig krebsfrei war und zudem außerordentlich gesund.

Der Arzt fand die Ergebnisse sehr überraschend, weil seine Erfahrung ihn gelehrt hatte, dass Krebszellen von der Größe und Art, wie ich sie hatte, mit Sicherheit bereits in andere Bereiche gestreut hatten. Er hatte sogar schon vor der zweiten Ultraschalluntersuchung einen Termin für mich bei einem Spezialisten vereinbart, um die Optionen für Chemotherapie und Strahlenbehandlung zu besprechen. Er stimmte jedoch zu, dass diese nicht länger notwendig wären!

Meine Frau und ich wissen, dass unser himmlischer Vater mich beschützt und den Krebs in Schach gehalten hat, bis er schließlich entfernt wurde. Was der Feind als Rückschlag gedacht hatte, benutzte unser himmlischer Vater für ein göttliches Szenario. Wenn ich heute Menschen begegne und ihnen diese Geschichte erzähle, kann ich sie als ein herrliches Zeugnis für die Gesundheit und das Wohlbefinden nutzen, die wir in Jesus haben. Durch diese ganze Erfahrung hindurch waren meine Frau und ich in der Lage, ruhig zu bleiben, weil wir wussten, dass unser Vater uns durch seinen Sohn Jesus als gerecht ansieht und uns von ganzem Herzen liebt.

Ehre sei Gott!

Wow. Ehre sei Gott, in der Tat! Es liegt so viel Kraft in dem Wissen, dass der allmächtige Gott Israels, der alles zu tun vermag, nicht irgendwo in der Ferne ist. Er bezahlte den Preis, damit du und ich ihm *ganz nahe kommen* können.

Gebet des Tages

Abba, Vater, danke, dass ich den Geist der Sohnschaft empfangen habe und als dein Kind aus nächster Nähe rufen kann und wissen darf, dass du mich hörst. Danke, dass ich aufgrund des vollbrachten Werks Jesu in deiner Liebe und unter deinem Schutz ruhen kann. Ich glaube, dass du mich durch das vollkommene Werk Jesu als gerecht ansiehst. Amen.

Gedanke des Tages

Ich kann unter dem Schutz des Vaters ruhen, weil ich weiß, dass ich ganz und gar von ihm geliebt bin und dass er mich in seinem Sohn Jesus als gerecht ansieht.

TAG 8

AN DEM ORT DER NÄHE

Denn ich bin gewiss, dass weder Tod noch Leben, weder Engel noch Fürstentümer noch Gewalten, weder Gegenwärtiges noch Zukünftiges, weder Hohes noch Tiefes noch irgendein anderes Geschöpf uns zu scheiden vermag von der Liebe Gottes, die in Christus Jesus ist, unserem Herrn.

RÖMER 8,38–39

Vielleicht hast du im 1. Buch Mose gelesen, wie Josef wollte, dass seine Familie in Goschen blieb, was »sich nahen«[25] bedeutet. Er wollte sie in seiner Nähe haben und ließ seinem Vater, und damit auch seiner Familie, ausrichten: »Dort werde **ich für dich sorgen**« (1Mo 45,11 EÜ).

Lieber Freund, selbst inmitten einer Hungersnot will Jesus, unser himmlischer Josef, uns nah bei sich haben, damit er für uns sorgen kann. Im 2. Buch Mose verkündet Gott: »Ich werde aber an jenem Tag **das Land Goschen**, in dem sich mein Volk aufhält, **besonders behandeln**, so dass dort keine Stechfliegen sein werden« (2Mo 8,18 ELB). Im Land Goschen wurde Gottes Volk vor allen zehn Plagen geschützt, die Ägypten während der Zeit Moses in die Knie zwangen. Bei der vorletzten Plage wurde ganz Ägypten drei Tage lang von einer dichten, lähmenden Dunkelheit bedeckt. Doch während dieser Zeit »**[hatten] alle Kinder Israels … Licht in ihren Wohnungen**« (2Mo 10,23).

Ich bin überzeugt, dass Ägypten von einer übernatürlichen Dunkelheit bedeckt wurde, denn die Ägypter, die leichteren Zugang zu natürlichen Lichtquellen hatten als die israelitischen Sklaven, haben sicherlich zu diesen Mitteln gegriffen, um die Dunkelheit damit zu vertreiben – nur um festzustellen, dass sie nichts ausrichten konnten. Gleicherweise muss das Licht, an dem sich die Israeliten freuen durften, ein übernatürliches Licht gewesen sein, das von der Dunkelheit nicht erstickt werden konnte.

Also ich glaube, dass dies prophetisch gesehen für unsere Zeit steht. Die Bibel ist auch heute noch aktuell. Wir leben in Zeiten, in denen wir sehen, wie Finsternis – eine übernatürliche Dunkelheit – die Erde bedeckt. Doch die Bibel sagt uns, dass wir, die Gemeinde – du und ich, gemeinsam mit unseren Familien – Gottes übernatürliches Licht in unseren Wohnungen erleben und genießen dürfen. Wir, als solche, die er durch das Werk seines Sohnes ganz nah zu sich herangezogen hat, können eine innige Vertrautheit mit Gott haben und seinen Schutz genießen, der uns in diesen dunklen Zeiten furchtlos und siegreich leben lässt.

Lieber Freund, an diesem Ort der Nähe macht Gott einen Unterschied zwischen seinem Volk und den Menschen dieser Welt. Wir sind *in* dieser Welt, aber wir sind nicht *von* dieser Welt (siehe Joh 17,14). Wir gehören ihm. Er möchte uns ganz in seiner Nähe haben, damit er uns im Schatten seiner Flügel bergen kann. Er bezahlte den Preis, damit wir seine Kinder genannt werden können. Welch eine Liebe hat uns der Vater erwiesen, dass wir Söhne und Töchter des Allerhöchsten heißen dürfen (siehe 1Joh 3,1)!

Lieber Freund, ungeachtet der Geschehnisse in der Welt kannst du zuversichtlich und furchtlos sein, weil nichts dich jemals von der Liebe Gottes, deines himmlischen Vaters, trennen kann.

Gebet des Tages

Abba, Vater, danke, dass ich nah zu dir kommen und dein übernatürliches Licht und deinen Schutz genießen kann. Danke, dass du den Preis dafür bezahlt hast, dass ich dein Kind sein kann. Ich glaube, dass ich ungeachtet der Geschehnisse in der Welt furchtlos leben und deinen Schutz genießen kann, weil nichts mich jemals von deiner Liebe trennen kann. Amen.

Gedanke des Tages

An dem Ort der Nähe zu meinem himmlischen Vater, wo ich im Schatten seiner Flügel wohne, kann ich furchtlos leben und seinen Schutz genießen.

ABSCHNITT 11

WEISHEIT, UM IN SICHERHEIT ZU BLEIBEN

»Wenn er zu mir ruft, will ich antworten.
Ich will ihm in der Not beistehen
und ihn retten und zu Ehren bringen.«
PSALM 91,15 NLB

TAG 1

WELCH EIN ERLÖSER!

»Wenn er zu mir ruft, will ich antworten.
Ich will ihm in der Not beistehen
und ihn retten und zu Ehren bringen.«
PSALM 91,15 NLB

Wir haben einen Gott, der möchte, dass wir zu ihm laufen. Und er hat versprochen, wenn wir das tun, *wird* er uns auch antworten. Nicht »möglicherweise« oder »vielleicht«, sondern ein entschiedenes »Ich will«. Und seine Aussage endet nicht nur mit der Zusicherung, uns gewiss zu antworten. Er hält außerdem Folgendes für die Ewigkeit fest: »Ich **will** *ihm* in der Not *beistehen* und ihn retten und zu Ehren bringen.«

Weißt du, weshalb wir sicher sein können, dass er uns antwortet, wenn wir zu ihm rufen? Der Grund ist der göttliche Austausch, der am Kreuz stattfand, als unser Herr Jesus ausrief: »Mein Gott, mein Gott, warum hast du mich verlassen?« (Mt 27,46). Er wurde verlassen – hilflos zurückgelassen, völlig aufgegeben und verwaist –, damit wir heute die Zuversicht haben können, dass unser himmlischer Vater uns niemals verlassen noch im Stich lassen wird (siehe Hebr 13,5). Welch ein Erlöser!

Fühlst du dich nicht auch ganz und gar von unserem Herrn geliebt und geschätzt? Wir haben einen Erlöser, der uns liebt, nicht einen, der distanziert und gleichgültig ist. Und er hat es uns sehr leicht gemacht, seine Verheißungen zu empfangen – wir müssen einfach nur *zu ihm rufen* und ihn unseren Gott sein lassen. Er sehnt sich nach einer vertrauten Beziehung mit uns und er liebt es, wenn wir anerkennen, dass wir ihn brauchen, und wenn wir ihm gestatten, uns im Schatten seiner Flügel zu verbergen und uns nah an seinem liebenden Herzen zu halten. Was auch immer du gerade durchmachen magst, rufe jetzt zu ihm und er wird dich retten und zu Ehren bringen!

Immer wenn ich beunruhigt bin, sage ich zum Herrn: »Herr, ich mache mir Sorgen über diese Situation, aber ich lege sie jetzt in deine von Nägeln durchbohrten Hände. Ich überlasse alle meine Sorgen, meine Befürchtungen und meinen Kummer in dieser Sache deinen Händen.« Dann empfange ich seinen Frieden, und wenn der Feind versucht, mit neuen Pfeilen der Furcht auf mein Herz zu zielen, erinnere ich mich selbst daran, dass die Situation bereits in den Händen des Herrn ist. Ich rufe mir sein Versprechen in Erinnerung, mich zu retten!

Lebst du mit Panikattacken, Furcht und chronischen Angstzuständen? Erlaube dem Feind nicht, dich mit allen möglichen Schreckensbildern in deinem Kopf zu lähmen oder mit Katastrophenszenarien, die in deinen Gedanken in einer Endlosschleife laufen. Rufe zu deinem Retter, Jesus Christus! Er möchte, dass du **alle** deine Sorgen auf ihn wirfst, **denn er sorgt für dich** (siehe 1Petr 5,7). Du bist kein Schaf, das keinen Hirten hat, also höre auf, alle deine Sorgen auf deinen eigenen Schultern zu tragen.

Ob es körperliche Symptome sind, eine finanzielle Herausforderung oder eine beunruhigende familiäre Situation, rufe zu ihm und erlaube seinem Frieden, dein Herz in jedem Bereich, der dir Sorgen macht, auf übernatürliche Weise zu bewahren (siehe Phil 4,6–7).

Gebet des Tages

Herr Jesus, danke, dass du, so wie es dein Wort verspricht, mir antworten wirst, wenn ich zu dir rufe, und mich aus allem retten wirst, was mir Sorge bereitet. Danke, dass ich meine Probleme und Sorgen in deine nageldurchbohrten Hände legen und sie dort lassen darf. Ich empfange deinen Frieden, der mein Herz und meinen Verstand in jedem Bereich, der mich beunruhigt oder mir Sorgen bereitet, auf übernatürliche Weise bewahrt. Amen.

Gedanke des Tages

Ich werde zu Jesus, meinem Erlöser, rufen und alles, was mich beunruhigt oder mir Sorgen bereitet, in seine nageldurchbohrten Hände legen. Ich werde seinen Frieden empfangen und diesem erlauben, mein Herz und meinen Verstand auf übernatürliche Weise zu bewahren.

TAG 2

EIN BEWÄHRTER HELFER IN ZEITEN DER NOT

Gott ist unsere Zuflucht und Stärke, ein bewährter Helfer in Zeiten der Not. Darum fürchten wir uns nicht, selbst wenn die Erde erbebt, die Berge wanken und in den Tiefen des Meeres versinken. Auch dann nicht, wenn die Wogen tosen und schäumen und die Berge von ihrem Wüten erschüttert werden.

PSALM 46,2–4 HFA

Welch eine mächtige Verheißung enthält dieser Psalm! Wir müssen uns nicht fürchten, weil Jesus selbst in Zeiten des Aufruhrs und der Not unser bewährter Helfer, unsere Zuflucht und unsere Stärke ist! Unsere Aufgabe besteht allein darin, zu ihm zu rufen, und er wird antworten und uns retten. Melinda geht in unsere Gemeinde und machte diese Erfahrung. Sie ließ mich an ihrem Zeugnis teilhaben:

Als ich meinen sechsjährigen Sohn zur Schule brachte, fuhr ich von der Schnellstraße ab und kam an eine Ampelkreuzung. Wir hörten gerade eine Predigt von Pastor Prince auf CD an und ich staunte, wie Gott Noah und dessen Familie vor der Sintflut bewahrte. Plötzlich hörte ich einen lauten Knall und etwas traf das Heck meines Autos. Im nächsten Moment wurde mein Auto in die Luft geschleudert, überschlug sich, landete auf dem Dach und kreiselte noch einige Meter weit über die Straße, bis es schließlich liegen blieb.

Während sich das Auto noch um die eigene Achse drehte, fing ich an »Jesus!« zu schreien, was ich mindestens fünf Mal tat, bis der Wagen schließlich aufhörte, sich zu drehen. Obwohl wir uns überschlagen hatten und mein Sohn nur vom Sicherheitsgurt gehalten wurde, baumelten sein Kopf und seine Beine nicht in der Luft. Sein Genick hätte durch den Aufprall brechen können, doch es ging ihm gut.

Mein Sohn und ich krochen ohne den geringsten Kratzer und ohne Schleudertrauma aus dem Wrack. Wir standen am Straßenrand und viele Passanten kamen herbeigeeilt, um uns zu helfen. Nachdem wir aus dem Wrack gekrochen waren, blitzte ständig ein Bild von Jesus vor meinem inneren Auge auf, in dem er blutend am Kreuz hing. Ich wusste, mein Sohn und ich mussten an jenem Morgen dort auf der Straße kein Blut verlieren, da Jesus sein Blut für uns vergossen hatte.

Als mein Mann kam, um uns abzuholen, erzählte er uns, dass er zum ungefähren Unfallzeitpunkt ebenfalls auf dem Weg zur Arbeit gewesen war und dass er sich plötzlich vom Heiligen Geist gedrängt gefühlt hatte, das Radio auszuschalten und in Zungen zu beten. Er sprach auch die Gunst des Herrn über unser Leben aus, etwas, das wir am Tag zuvor während des Gottesdienstbesuchs gelernt hatten.

Jesus gab einem möglicherweise tragischen Unfall einen siegreichen Ausgang. Kein noch so umsichtiges Fahrverhalten hätte unser Leben retten können, nur Jesus allein!

Preis den Herrn! In ihrer Zeit der Not rief Melinda den Namen Jesu aus und er antwortete ihr. Ganz gleich, in welcher Situation du dich befindest, der Herr ist mit dir und wird dich gewiss retten, wenn du seinen Namen anrufst!

Gebet des Tages

Vater, danke, dass du mein bewährter Helfer, meine Zuflucht und meine Stärke in Zeiten der Not bist. Danke, dass du immer mit mir bist und mich rettest, wenn ich deinen Namen anrufe. Wie die Umstände auch sein mögen, ich werde mich nicht fürchten, denn du bist mein allgegenwärtiger Erlöser, mein Retter und mein Beschützer. Amen.

Gedanke des Tages

Gott ist mein bewährter Helfer, meine Zuflucht und meine Stärke in Zeiten der Not. Deshalb werde ich mich nicht fürchten noch mein Herz sich beunruhigen lassen.

TAG 3

JESUS IST IN UNSEREN NÖTEN BEI UNS

Gepriesen sei der Gott Schadrachs, Meschachs und Abed-Negos, der seinen Engel gesandt und seine Knechte errettet hat, die auf ihn vertrauten.

DANIEL 3,28

Das Buch Daniel hält fest, wie Nebukadnezar, der König von Babylon, eine riesige goldene Statue anfertigen ließ und allen Bewohnern seines Königreichs befahl, vor ihr niederzufallen und sie anzubeten. Drei junge Männer, Schadrach, Meschach und Abed-Nego, die der König zu Verwaltern der Provinz Babel gemacht hatte, weigerten sich, diesen Befehl zu befolgen. Gedemütigt durch ihren Widerstand wurde der König sehr zornig. Er gab ihnen noch eine Chance, vor der Statue niederzufallen und sie anzubeten, ansonsten würden sie umgehend in einen Feuerofen geworfen werden.

Ohne zurückzuweichen, sagten sie: »Nebukadnezar, wir haben es nicht nötig, dir darauf ein Wort zu erwidern. Wenn es so sein soll – unser Gott, dem wir dienen, kann uns aus dem glühenden Feuerofen erretten, und er wird uns bestimmt aus deiner Hand erretten, o König! Tut er es aber nicht, so sollst du, König, wissen: Auch dann verehren wir deine Götter nicht und beten das goldene Standbild nicht an, das du errichtet hast« (Dan 3,16–18 EÜ). Der König befahl, der Ofen solle sieben Mal heißer als gewöhnlich aufgeheizt werden, dann wies er einige seiner stärksten Soldaten an, die jungen Männer zu fesseln und in den Ofen zu werfen. Der Ofen war so glühend heiß, dass die Soldaten von den herausschlagenden Flammen getötet wurden, als sie die drei Männer, mit Fesseln versehen, in die lodernden Flammen stießen.

Plötzlich sprang der König erschrocken auf und rief seinen Bediensteten zu: »Haben wir nicht drei Männer gefesselt ins Feuer geworfen?« Sie antworteten dem König: »Gewiss, o König.« »Seht doch«, erwiderte der König, »ich sehe vier Männer frei im Feuer umherlaufen und keiner von ihnen ist verletzt; und der vierte gleicht in seiner Gestalt einem Sohn der Götter« (siehe Dan 3,24–25). Nebukadnezar rief laut: »Schadrach, Meschach und Abed-Nego, ihr Diener des höchsten Gottes, kommt heraus! Kommt her!« Die drei Männer kamen aus dem Feuer und alle Statthalter und Ratgeber des Königs drängten sich um sie und »sahen, dass das Feuer diesen Männern nichts hatte anhaben können: Ihr Haar war nicht versengt, ihre Kleidung war unversehrt, nicht einmal Brandgeruch konnte man an ihnen wahrnehmen« (Dan 3,26–27 NEÜ). Tatsächlich hatten die Flammen nur dazu gedient, sie von ihren Fesseln zu befreien.

Erstaunt darüber, wie ihr Gott sie beschützt hatte, begann Nebukadnezar selbst, Gott zu preisen. Der König erließ dann eine Verfügung: Sollte sich jemand über den Gott von Schadrach, Meschach und Abed-Nego abfällig äußern, würde derjenige in Stücke gehauen und sein Haus in Schutt und Asche gelegt werden. »Denn es gibt keinen anderen Gott, der auf solch eine Weise retten kann!« (Dan 3,29 NEÜ). Anschließend beförderte der König die drei jungen Männer in noch höhere Stellungen in der Provinz Babel.

Lieber Freund, das ist *dein* Gott.

Gebet des Tages

Herr Jesus, es gibt wirklich keinen anderen Gott, der auf solch eine Weise retten und befreien kann wie du. Danke, dass du mir zeigst, dass ich mich auch dann nicht fürchten muss, wenn ich in den Flammen des Glutofens bin, denn du bist bei mir und gehst mit mir im Feuer und beschützt mich. Ich glaube, dass du jede schlimme Situation für mich und zu deiner Ehre zum Guten wenden wirst. Amen.

Gedanke des Tages

Selbst inmitten des lodernden Feuers ist Jesus mit mir, um mich zu retten und zu schützen.

TAG 4

KEINE SPUR VON BRANDGERUCH AN DIR

Da kamen Schadrach, Meschach und Abed-Nego aus dem Feuer hervor. Daraufhin versammelten sich die Satrapen, Vorsteher und Statthalter samt den Räten des Königs. Sie schauten diese Männer an, über deren Leiber das Feuer keine Gewalt gehabt hatte; ihre Haupthaare waren nicht versengt und ihre Kleider waren unverändert; man bemerkte nicht einmal einen Brandgeruch an ihnen.

DANIEL 3,26–27

Wie wir in der gestrigen Andacht gesehen haben, gibt es wahrhaftig keinen anderen Gott, der so retten kann wie unser Gott. Es spielt keine Rolle, in welche Umstände du hineingeworfen wirst, unser Herr Jesus ist immer der vierte Mann, der *mitten im* Feuer bei dir ist. Beachte, dass er nicht außerhalb des Feuers stand, sondern zusammen mit den drei Freunden, Schadrach, Meschach und Abed-Nego, im Feuer war.

Das gibt dem folgenden Vers eine völlig neue Bedeutung: »Seid stark und mutig! Fürchtet euch nicht und lasst euch nicht vor ihnen grauen, denn der Herr, dein Gott, **geht selbst mit dir**; er wird dich nicht aufgeben noch dich verlassen!« (5Mo 31,6). Unser Herr rettet dich nicht aus der Ferne; er ist mitten in deiner Not bei dir. Rufe zu ihm und er wird dir antworten. Wenn Jesus bei dir ist, kann dir nichts schaden!

Bist du nicht auch begeistert davon, wie das Wort Gottes die drei Freunde beschreibt, als sie aus dem Feuerofen kamen? Sie waren zwar im Feuer, doch es hatte absolut keine Macht über sie. Es hinterließ noch nicht einmal die geringste Spur von Brandgeruch an ihnen! Also, das ist wirklich ein wunderbares Bild von Gottes übernatürlichem Schutz!

Lieber Freund, mein Gebet für dich ist, dass du erlebst, wie die Not, die du durchmachst, keine Macht über dich hat und noch nicht einmal ein Geruch an dir haften bleibt, wenn du in deiner Bedrängnis zum Herrn rufst. Stattdessen erkläre ich in Jesu Namen, dass du aus dieser Herausforderung in deinem Leben heraustreten wirst und der einzige Geruch, der an dir haftet, der Duft unseres Herrn Jesus sein wird (siehe 2Kor 2,14)! Mögen die Menschen um dich herum, die Zeugen davon werden, wie der Herr dich rettet, seinen wunderbaren Namen kennenlernen und ihm die Ehre geben. Ich bete, dass deine wie auch immer geartete Bedrängnis keine negativen Auswirkungen für dich hat, sondern dass du stattdessen wie Schadrach, Meschach und Abed-Nego geehrt und befördert wirst. Amen!

Gebet des Tages

Herr Jesus, danke, dass du immer bei mir bist und mich nicht verlassen noch vergessen wirst. Weil du mit mir bist, hat die Not, die ich durchmache, keine Macht über mich. Ich erkläre, dass sie aufgrund deines mich bergenden Schutzes nicht einmal die geringste Spur von Brandgeruch an mir hinterlassen wird. Stattdessen wird sie zu deiner Ehre gereichen und deine Macht und Güte offenbaren. Amen.

Gedanke des Tages

Die Not, die ich durchmache, wird mir keinen Schaden zufügen, weil der Herr, mein Gott, mit mir geht. Sie wird nicht einmal die geringste Spur von Brandgeruch an mir hinterlassen.

TAG 5

VERHALTE DICH WEISE, UM IN SICHERHEIT ZU BLEIBEN

Erwirb dir Weisheit und Verstand! … Weisheit fängt mit Weisheit an. Erwirb sie dir! Erwirb Verstand mit allem, was du hast!

SPRÜCHE 4,5.7 NEÜ

Zu wissen, dass der Herr uns aus der Not retten kann, gibt mir große Zuversicht. Aber weißt du, was besser ist, als aus der Not gerettet zu werden?

Gar nicht erst in Not zu *geraten.*

Mein lieber Leser, sei nicht nur auf Gottes Wunder und Schutz aus, ohne auch nach seiner Weisheit zu streben, um beschirmt zu bleiben und Schwierigkeiten zu vermeiden. Es gibt Zeiten, in denen wir vor Herausforderungen stehen, über die wir keine Kontrolle haben. Aber ich habe festgestellt, dass wir seinen Schutz oftmals dann erfahren, wenn wir dem Heiligen Geist folgen und uns bei unseren Entscheidungsfindungen auf seine Weisheit verlassen. Tagtäglich brauchen wir seine Weisheit ebenso sehr wie seinen Schutz. Schließlich sagt Sprüche 4,7 (GNB) uns, die »Weisheit *ist* das Allerwichtigste«, und in allem, was wir erwerben, müssen wir *Weisheit erwerben.*

Die Bibel sagt uns, dass Christus uns von Gott zur Weisheit gemacht wurde (siehe 1Kor 1,30). Was wir also wirklich brauchen, ist der Herr Jesus. Wir müssen Tag für Tag ganz nah an ihn heranrücken und uns auf ihn stützen. Er ist unsere Weisheit, und nur er kann uns immer zur richtigen Zeit an den richtigen Ort bringen. Ich glaube, dass viele Nöte und gefährliche Situationen von vornherein vermieden werden können, wenn wir uns nicht auf unsere eigene Weisheit und Planung verlassen, sondern Gott in all unser Tun miteinbeziehen (siehe Spr 3,6).

Oftmals arbeiten Weisheit und göttlicher Schutz Hand in Hand. Zu wissen, dass wir auf Gottes Schutz vertrauen können, bedeutet ganz sicher nicht, dass wir uns absichtlich in heikle Situationen bringen sollten. Wir müssen weise sein und uns vom Herrn führen lassen, indem wir den weisen Rat von Menschen, wie etwa den Leitern unserer Gemeinde oder unseren Ehepartnern, beherzigen. Sprüche 11,14 (NLB) sagt uns: »Ohne weise Führung geht ein Volk zugrunde; mit vielen Ratgebern aber lebt es sicher.« Wenn dir dein Ehepartner zum Beispiel sagt, dass du oft zu schnell fährst, dann schenke dem Beachtung.

Göttliche Bewahrung ist zwar durchaus möglich, aber sei nicht so töricht zu glauben, dass du tun und lassen kannst, was du willst, ohne je etwas Unerwünschtes zu erleben. Ich bete, dass du in größerem Maße Frieden, Schutz und guten Erfolg zu erfahren beginnst, indem du den Herrn mit einbeziehst und lernst, in seiner Weisheit zu leben.

Gedanke des Tages

Himmlischer Vater, danke, dass ich zu dir kommen und Weisheit von dir empfangen kann, um in Sicherheit zu leben. Danke, dass Jesus zu meiner Weisheit geworden ist und mich in allem, was ich zu tun habe, führen und leiten wird. Hilf mir auch, durch den weisen Rat der Menschen in meinem Leben deine Weisheit anzuwenden und auf deine Führung zu achten. Amen.

Gedanke des Tages

Ich brauche Gottes Weisheit, so wie ich auch seinen Schutz brauche. Jesus ist meine Weisheit und ich vertraue darauf, dass er mich in allem, was ich zu tun habe, führt und leitet.

TAG 6

EINSICHT UND WEISHEIT

Gebt also sorgfältig darauf Acht, wie ihr lebt! Verhaltet euch nicht wie unverständige Leute, sondern verhaltet euch klug. Macht den bestmöglichen Gebrauch von eurer Zeit, gerade weil wir in einer schlimmen Zeit leben. Lasst es daher nicht an der nötigen Einsicht fehlen, sondern lernt zu verstehen, was der Herr von euch möchte.

EPHESER 5,15–17 NGÜ

In der gestrigen Andacht sprachen wir darüber, wie wir sicher und geschützt bleiben, wenn wir nicht anmaßend oder verantwortungslos handeln, sondern uns auf Gottes Weisheit verlassen. Unser Herr Jesus hat uns das höchstpersönlich vor Augen geführt. Als der Teufel ihn dazu bringen wollte, von der Zinne des Tempels zu springen, indem er die Heilige Schrift zitierte und sagte, dass Engel ihn auf ihren Händen tragen würden, antwortete Jesus darauf: »Die Schrift sagt aber auch: ›Fordere den Herrn, deinen Gott, nicht heraus‹« (Mt 4,7 NLB). Genauso wenig sollten wir den Herrn herausfordern, indem wir verantwortungslose und unvernünftige Entscheidungen treffen, die den göttlichen Rat, der über unser Leben ausgesprochen wird, ignorieren.

Wenn du von seiner Weisheit geleitet wirst, kann der Herr dich davor beschützen, unweise Entscheidungen zu treffen. Zum Beispiel bietet dir jemand »die Investitionsgelegenheit deines Lebens« an. Oberflächlich betrachtet mag alles stimmen und sich wie eine seriöse Chance darstellen, die man sich nicht entgehen lassen sollte. Doch bevor du dich übereilt zu irgendetwas verpflichtest, darf ich dich dazu anregen, zuerst den Herrn um seine Weisheit und Führung zu bitten?

In Jesaja 11 finden wir ein Prinzip, von dem wir alle lernen können. Dort heißt es über den Herrn, dass auf ihm »der Geist der Weisheit und der Einsicht« ruht und »er … nicht nach dem Augenschein [richten] und nicht nur nach dem Hörensagen [entscheiden]« wird (Jes 11,2–3 EÜ). Wie du siehst, gibt es eine vom Herrn kommende Einsicht und Weisheit, die über das Augenscheinliche einer Sache hinaussieht. Wenn du zu ihm rufst, wird er dir antworten und dir eine Antwort des Friedens geben. Wenn du keinen Frieden dabei empfindest, eine Sache weiterzuverfolgen, dann erlaube niemandem, dich zu einer Entscheidung zu drängen, die du im Nachhinein womöglich bereuen wirst!

Gebet des Tages

Herr Jesus, danke, dass du mir Einsicht und Weisheit schenkst, um mir so zu helfen, weise Entscheidungen zu treffen. Danke, dass dein Geist mir hilft, über Augenscheinliches hinauszusehen und mich dahin führt, das zu tun, was wirklich das Beste für mich ist. Ich glaube, dass du mir antworten wirst, wenn ich zu dir rufe, und du mir eine Antwort des Friedens geben wirst. Amen.

Gedanke des Tages

Der Herr gibt mir Einsicht und Weisheit, um mich so über Augenscheinliches hinaussehen zu lassen. Wenn ich mich an ihn wende, wird er mich mithilfe seines Friedens leiten.

TAG 7

LASS DICH VOM HEILIGEN GEIST LEITEN

Weil ihnen aber vom Heiligen Geist verwehrt wurde, das Wort in der Provinz Asien zu verkünden, reisten sie durch Phrygien und das galatische Land. Sie zogen an Mysien entlang und versuchten, Bithynien zu erreichen; doch auch das erlaubte ihnen der Geist Jesu nicht.

APOSTELGESCHICHTE 16,6–7 EU

Je weiter du den Herrn in dein Leben einbeziehst, desto mehr Bereiche wird es geben, in denen du seinen Schutz erfahren kannst. Du kannst den Herrn sogar bei etwas scheinbar so Alltäglichem wie deiner Reiseplanung um Führung bitten. Sieh dir nur mal die obenstehende Schriftstelle an. Der Apostel Paulus erlaubte dem Heiligen Geist, ihn und seine Begleiter bei jedem ihrer Schritte zu führen.

Aus dieser Schriftstelle erkennen wir, dass geschlossene Türen nicht unbedingt etwas Negatives sind, sondern ein Zeichen von Gottes Schutz über unserem Leben sein können. Für manche von uns liegt die Herausforderung darin, dass wir so viel Erfahrung damit haben, unser geschäftiges Leben zu planen und zu organisieren, und deshalb dem Herrn oftmals keinen Raum geben, um einzugreifen und uns zur richtigen Zeit an den richtigen Ort zu führen. Lass uns nicht auf unsere Intelligenz und unsere Planung vertrauen, sondern auf seine Weisheit, seine Führung und seinen Rat. Es gibt ein Sprichwort, das besagt: »Der Mensch plant seinen Weg, aber der Herr lenkt seine Schritte« (Spr 16,9 HFA). Ich bete, dass wir bei allem Planen immer daran denken, dem Herrn alle unsere Wege anzuvertrauen und zuzulassen, dass *er* unsere Schritte lenkt.

Vom Heiligen Geist geführt zu werden, muss nichts Kompliziertes sein. Wenn du in vertrauter und enger Gemeinschaft mit dem Herrn lebst, kann er dich auf übernatürliche Weise auf natürlichen Wegen führen. Ein Ehepaar aus unserer Gemeinde erzählte unseren Leitern, wie sie vor einigen Jahren in einer Strandhotelanlage auf der malaysischen Insel Penang Urlaub machten, als die Ehefrau plötzlich Appetit auf eine Speise bekam, die es nur ein Stück landeinwärts auf dem Festland gab. Aufgrund dieses »Drängens« in ihrem Magen packten sie ihre Koffer und brachen früher als geplant auf. Während sie ihr Gepäck ins Auto luden, tauchte ein Mann auf, der sie, weil sie offensichtlich die Hotelzufahrt blockierten, wiederholt zur Eile antrieb, was sie zum damaligen Zeitpunkt sehr verärgerte.

Jedenfalls fuhren sie los und nur fünfzehn Minuten, nachdem sie die Brücke, die Insel und Festland miteinander verbindet, hinter sich gelassen hatten, hörten sie in den Nachrichten, dass ein Erdbeben im Indischen Ozean einen Riesen-Tsunami ausgelöst hatte, der auch den Strand überflutete, an dem sie eben noch gewesen waren, und dort mehr als fünfzig Menschen tötete. Wären sie nur ein wenig später aufgebrochen, hätten auch sie zu den Opfern der Tragödie jenes Tages gehören können. Rückblickend glaubt das Paar, dass der Mann vor dem Hotel auch ein Engel gewesen sein könnte, den der Herr geschickt hatte, um sie schnell aus der Gefahrenzone herauszubringen.

Ich weiß nicht, wie es dir geht, aber ich möchte, dass der Herr *alle* meine Schritte lenkt! Rufe heute zu ihm und er wird dir antworten.

Gebet des Tages

Herr Jesus, danke, dass ich dir alle meine Wege anvertrauen und meine Schritte von dir lenken lassen kann. Danke, dass von deinem Geist geleitet zu werden, nicht kompliziert sein muss. Ich glaube, dass du mich tagtäglich auf übernatürlich natürliche Weise führst, wenn ich in vertrauter Gemeinschaft mit dir lebe. Amen.

Gedanke des Tages

Vom Geist geleitet zu werden, muss nicht kompliziert sein. Wenn ich in vertrauter Gemeinschaft mit dem Herrn lebe, wird er mich auf übernatürlich natürliche Weise führen.

ABSCHNITT 12

GOTTES VERHEISSUNG EINES LANGEN LEBENS

»Ich will ihn sättigen mit langem Leben
und will ihm zeigen mein Heil.«
PSALM 91,16 LUT

TAG 1

ER SÄTTIGT DICH MIT LANGEM LEBEN

»Ich will ihn sättigen mit langem Leben und will ihm zeigen mein Heil.«
PSALM 91,16 LUT

Wir sind beim letzten, und wie ich glaube, wichtigsten Vers von Psalm 91 angelangt! Falls du je daran gezweifelt hast, dass Gott sich für dich ein langes, gutes Leben wünscht, dann lass diesen Vers dir die Antwort darauf geben. Vielleicht kämpfst du gerade mit einer Erkrankung, doch lass uns gemeinsam im Glauben an diesem Vers festhalten. In Jesu mächtigem Namen sehe ich dich geheilt, gesund und unversehrt. Ich sehe dich stark in Christus und bereit, es mit jedem Riesen aufzunehmen, der sich dir in den Weg stellt.

Eine meiner liebsten Darstellungen eines langen Lebens ist in der biblischen Person von Kaleb zu finden. Als er fünfundachtzig Jahre alt war, sagte er: »Und nun siehe, ich bin heute 85 Jahre alt. Ich *bin* heute noch so stark wie an dem Tag, als Mose mich aussandte. Wie meine Kraft damals, so *ist* meine Kraft jetzt, sowohl zum Kampf als auch um aus- und einzuziehen« (Jos 14,10–11 ELB). Das Glaubensbild von langem Leben an dieser Stelle bezieht sich nicht nur auf *Quantität* – die Anzahl der Lebensjahre –, sondern auch auf *Qualität* – Gesundheit und Kraft. Kaleb war mit fünfundachtzig Jahren so stark, wie er es mit fünfundvierzig Jahren gewesen war, was bedeutet, dass seine Kraft, Jugend und Vitalität während der dazwischenliegenden vierzig Jahre in der rauen Wüste nicht nachgelassen hatten. Seine Stärke war nicht entwichen, zurückgegangen oder dahingewelkt!

Und falls du denkst, dass Kaleb nur große Reden schwang, sieh dir an, was er als Nächstes sagte: »Und nun gib mir dieses Gebirge, von dem der HERR an jenem Tag geredet hat! Denn du hast an jenem Tag gehört, dass die Enakiter dort sind und große, feste Städte. Vielleicht ist der HERR mit mir, dass ich sie vertreibe, wie der HERR geredet hat« (Jos 14,12 ELB).

Mit fünfundachtzig war Kaleb bereit, einen Streit mit *Riesen* vom Zaun zu brechen, um einen Berg in Besitz zu nehmen! Und Kaleb tat, was er sagte! Lies selbst, hier ist der Beweis: »Da segnete ihn Josua und gab Kaleb, dem Sohn des Jephunne, Hebron als Erbteil. Daher wurde Hebron das Erbteil Kalebs, des Sohnes Jephunnes, des Kenisiters, bis zu diesem Tag, weil er dem Herrn, dem Gott Israels, gänzlich nachgefolgt war« (Jos 14,13–14).

Du warst beeindruckt von einem Hirten im Teenageralter, der im Terebinthental einen Streit mit einem einzigen Riesen namens Goliat anfing? Ich denke, erst recht umhauen sollte uns dieser Fünfundachtzigjährige, der es mit einem *ganzen Berg* voller Riesen aufnahm! Kalebs Eifer galt der Herrlichkeit des Herrn. Denn aus Kalebs Sicht gab es eine Sache, die noch zu Ende gebracht werden musste, weil der Herr ihnen diesen Berg vierzig Jahre zuvor versprochen hatte. Persönlich glaube ich, dass seine biologische Uhr zu ticken aufhörte und er im Grunde genommen nicht weiter alterte, weil er seine Augen nicht auf sich selbst, sondern auf die Verheißungen des Herrn gerichtet hielt. Wenn du über Gottes Verheißungen nachsinnst und Kraft darin findest, kann es auch dir so ergehen!

Gebet des Tages

Lieber Vater im Himmel, danke, dass dein Wunsch für mich ein langes, gesundes, wirklich zufriedenstellendes Leben voller Kraft ist. Danke, dass du meine Jugend und Kraft erneuerst. Ich erkläre, dass ich aufgrund deines Wortes und deiner Gegenwart in meinem Leben stark bleibe, sodass ich es mit jedem Riesen aufnehmen kann, der mir begegnet. Amen.

Gedanke des Tages

Ein langes, gesundes, wirklich zufriedenstellendes Leben voller Kraft ist Gottes Wunsch für mich.

TAG 2

FOLGE DEM HERRN

Daher wurde Hebron das Erbteil Kalebs, des Sohnes Jephunnes, des Kenisiters, bis zu diesem Tag, weil er dem HERRN, dem Gott Israels, ***gänzlich nachgefolgt*** *war.*

JOSUA 14,14

Worauf schaust du heute? Richtest du deine Augen auf die Dunkelheit in dieser Welt? Oder konzentriert sich dein Blick ganz auf die Verheißungen des Herrn für dein Leben? Meine hauptsächliche Absicht in diesem Buch war es, deinen Blick von der Zerstörung, die du tagtäglich siehst, weg und hin zu unserem wundervollen Herrn Jesus zu lenken.

Weißt du, was Kalebs Geheimnis für ein langes Leben war? Die obenstehende Bibelstelle sagt uns, dass es darin lag, einfach dem Herrn zu *folgen*. Hebron war der Name einer der Zufluchtsstädte, über die wir in Kapitel 7 gesprochen haben. Im Hebräischen bedeutet »Hebron« Gemeinschaft oder Verbindung. Das weist auf Vertrautheit, Nähe und Verbundenheit mit dem Herrn hin.

Es gibt keine Formel für langes Leben. Das Gebet des Schutzes ist kein Mantra. Alles, worüber wir in diesem Buch gesprochen haben, verweist auf die Wichtigkeit einer vertrauten Beziehung mit Jesus. Unser Herr Jesus ist der Weg, die Wahrheit und das Leben. Er kam, damit wir Leben haben und es im Überfluss haben. *Folge* ihm und finde den Weg zu einem langen und überfließenden Leben. Vergiss nicht, dass alles, was Kaleb erlebte, unter dem alten Bund geschah. Die Erneuerung seiner Jugend und seine unverminderte Kraft und Vitalität erlebte er unter dem alten Bund. *Umso mehr* sollten wir unter dem neuen Bund der Gnade, der auf besseren Verheißungen gründet, diese Erneuerung der Jugend, unbändige Energie und ein langes Leben erfahren (siehe Hebr 8,6)! Amen!

In einem von Mose verfassten Psalm heißt es: »Unser Leben währt siebzig Jahre, und wenn es hoch kommt, so sind's achtzig Jahre« (Ps 90,10). Manche Leute lehren anhand dieses Verses, unsere Lebenserwartung liege bei siebzig bis achtzig Jahren. Doch es ist wichtig, diesen Vers im Zusammenhang mit der damaligen Situation der Kinder Israels zu sehen, die in der Wüste und unter Gottes Zorn lebten. Wir haben auch gesehen, wie Kaleb selbst unter dem alten Bund diese Lebenserwartung überschritt und auch mit fünfundachtzig immer noch gut in Form war.

Deshalb, lieber Leser, ermutige ich dich – als jemanden, der unter dem neuen Bund lebt –, dir hohe Ziele zu stecken. Gib dich nicht damit zufrieden, nur siebzig oder achtzig Jahre alt zu werden, wenn Gott Folgendes versprochen hat: »Ich will **ihn sättigen** mit langem Leben und will ihm zeigen mein Heil« (Ps 91,16 LUT). *Dein Gesättigtsein* ist das Limit, und es geschehe dir nach deinem Glauben. Ich bete, dass du, indem du nah bei unserem Herrn Jesus bleibst, ein langes, starkes Leben unter der schützenden Deckung seiner Flügel haben wirst.

Gebet des Tages

Herr Jesus, danke, dass du der Weg, die Wahrheit und das Leben bist. Danke, dass du kamst, damit ich Leben habe – Leben im Überfluss. Ich glaube, dass du mich erhalten und mir ein Leben voll mit guten Tagen geben wirst, wenn ich dir folge. Ich werde ein langes und zufriedenstellendes Leben unter dem bergenden Schutz deiner Flügel genießen. Amen.

Gedanke des Tages

Jesus kam, damit ich Leben habe – Leben im Überfluss. Wenn ich ihm folge und nah bei ihm bleibe, wird er dafür sorgen, dass ich ein langes und zufriedenstellendes Leben unter dem bergenden Schutz seiner Flügel habe.

TAG 3

HEIL IM NAMEN JESU

Der Herr wird mich vor ***jedem bösen Angriff*** *retten und mich sicher in sein himmlisches Reich bringen.*
2. TIMOTHEUS 4,18 NLB

Psalm 91 endet mit dem kraftgeladenen Vers: »Ich will ihn sättigen mit langem Leben und will ihm zeigen mein Heil.« Vor vielen Jahren öffnete der Herr meine Augen für die Tatsache, dass neben den vier Namen, die wir in den ersten beiden Versen von Psalm 91 behandelt haben, noch ein weiterer, fünfter Name Gottes im letzten Wort von Psalm 91 versteckt ist.

Weißt du, im Hebräischen ist das Wort »Heil« (bzw. Rettung) das Wort *jeschua.*[26] Und *Jeschua* ist der hebräische Name unseres Herrn Jesus! Ist das nicht wunderschön? Gott sagte also Folgendes: »Ich will ihn sättigen mit langem Leben und will ihm zeigen meinen *Jeschua.*« Langes Leben ist in *Jeschua* zu finden. Du kannst Gott als *El Eljon*, den höchsten Gott, kennen, als den allmächtigen *Schaddai*, als *Jahwe* und sogar als *Elohim*, doch der Name, der dir volle und äußerste Zuversicht gibt, ist der Name Jesus!

Es genügt nicht zu wissen, dass Gott allmächtig ist. Zu wissen, dass Gott gewillt ist, seine Kraft und Macht zu *deiner Rettung* einzusetzen, ist noch viel wichtiger! Genau das hat unser Herr Jesus für dich und mich am Kreuz getan. Er kam und zeigte uns sein Heil, indem er sich selbst am Kreuz für deine und für meine Sünden opferte. *Er starb jung, damit wir lange leben würden.* Und nicht nur lang in dieser Welt. Am Kreuz erwarb er uns das Geschenk des ewigen Lebens, das er mit seinem eigenen Blut bezahlte. Als du Jesus als deinen Herrn und Retter annahmst, war dein Heil im selben Moment gewiss und sichergestellt!

Ich bin in einer Gemeinde aufgewachsen, in der ich gelehrt wurde, dass man seine Erlösung verliert und nochmals von Neuem geboren werden muss, wenn man sündigt. Diese falsche Lehre bedrückte mein Denken Tag und Nacht. Der Feind attackierte mich unablässig mit dem Gedanken, ich hätte meine Erlösung verloren. Während ich eines Tages den Herrn um Antworten bat, öffnete er meine Augen und verwies mich auf obige Schriftstelle aus 2. Timotheus.

Einfach so verschwand jede Bedrückung, als die Wahrheit von Gottes Wort in mich hineinkam. Und jedes Mal, wenn der Gedanke, meine Erlösung verloren zu haben, erneut seine hässliche Fratze zeigte, zitierte ich diesen Vers, indem ich zuversichtlich erklärte: »Es steht geschrieben: ›Der Herr wird mich vor jedem bösen Angriff retten und mich sicher in sein himmlisches Reich bringen.‹« Lieber Freund, ich empfehle dir nachdrücklich, dich mit dieser Schriftstelle zu beschäftigen. In diesem einen Vers findest du den Schutz des Herrn und seine sichere Bewahrung für die Ewigkeit!

Gebet des Tages

Lieber Herr Jesus, danke, dass du mein ***Jeschua*** *bist, meine sichere Errettung. Danke, dass du mir das Geschenk des ewigen Lebens mit deinem eigenen Blut erworben hast. Ich glaube und erkläre, dass du mich vor jedem bösen Angriff retten und mich sicher in dein himmlisches Reich bringen wirst. Amen.*

Gedanke des Tages

Mein ***Jeschua****, der Herr Jesus, erwarb mir das Geschenk des ewigen Lebens. Er wird mich vor jedem bösen Angriff retten und sicher in sein himmlisches Reich bringen.*

TAG 4

BETE DEN HERRN AN

Kommt, lasst uns anbeten und uns vor ihm verbeugen. Lasst uns niederknien vor dem Herrn, unserem Schöpfer. Denn er ist unser Gott und wir sind das Volk, das er beschützt, die Schafe, die er behütet.

PSALM 95,6–7 NLB

Sicher hast du schon eine Menge Lehre darüber gehört, den Herrn zu fürchten. Ich glaube daran, den Herrn ehrfürchtig zu würdigen. Aber ich bin für keine wie auch immer geartete Lehre, die den Gedanken fördert, es sei Gottes Wille, dass du dich vor ihm fürchtest. Das ganze Buch hindurch habe ich dir gezeigt, wie viel Freude es Gott bereitet, uns *nah* bei sich zu haben. Er lädt uns dazu ein, in seinem Schutz zu wohnen und ihm so nah zu kommen, dass wir in seinem Schatten sind. Das alles sind Bilder für Vertrautheit. In keiner Beziehung können Angst und Vertrautheit nebeneinander existieren. Wenn du dich heute vor Gott fürchtest, wirst du nicht in der Lage sein, auf seinen Schutz zu vertrauen. Deshalb ist es so wichtig für dich, fest in seiner Gnade gegründet zu sein.

Der Autor des Hebräerbriefs sagt: »Wir wollen also voll Zuversicht vor den Thron unseres gnädigen Gottes treten, damit er uns sein Erbarmen schenkt und uns seine Gnade erfahren lässt und wir zur rechten Zeit die Hilfe bekommen, die wir brauchen« (Hebr 4,16 NGÜ). Dies ist ein Bild für die Bundeslade (die wir in Abschnitt 4 behandelt haben), Gottes Thron der Gnade. Weil das Blut unseres Herrn auf den Gnadenstuhl gegossen wurde, können wir heute zuversichtlich und ohne das geringste Gefühl der Minderwertigkeit oder Scham in seine Gegenwart treten, um in Zeiten der Not seine Gunst, seine Versorgung, seinen Schutz und seine Hilfe zu empfangen.

Jesus beschrieb die Furcht des Herrn als *Anbetung* des Herrn. (Ich habe es bereits in Abschnitt 8 kurz angesprochen.) Während der Versuchung in der Wüste antwortete Jesus dem Teufel, indem er sagte: »Weg mit dir, Satan! Denn es heißt in der Schrift: ›Den Herrn, deinen Gott, sollst du anbeten; ihm allein sollst du dienen‹« (Mt 4,8–10 NGÜ). Unser Herr zitierte damit 5. Mose 6,13, wo es heißt: »Den HERRN, deinen Gott, sollst du fürchten und ihm dienen.« Unser Herr ersetzte das Wort »fürchten« durch das Wort »anbeten«.

Jesus zeigte uns damit, wie die Furcht des Herrn genau zu verstehen ist. Im neuen Bund geht es keinesfalls darum, sich vor dem Herrn zu fürchten; es geht allein darum, mit Zuversicht in seine Gegenwart zu kommen und ihn anzubeten. Lebe nicht länger in Furcht, mein Freund. Folge stattdessen ganz dem Herrn, wie Kaleb es tat, und bete seinen wunderbaren Namen an. Das Gebet des Schutzes ist ein Psalm der Anbetung. Wenn du Jesus anbetest, lösen sich alle deine Ängste auf. Wenn du ihn anbetest, lagern sich die Engel wie ein Schutzschild um dich her. Wenn du deinen Retter anbetest, wird sein Geist der Weisheit und des Rates dich mit Strömen des Friedens führen und leiten!

Gebet des Tages

Vater Gott, ich komme und bete dich an und verbeuge mich vor dir ohne Scham oder Furcht. Danke, dass ich dank Jesu vergossenem Blut stets mit Zuversicht vor deinen Thron der Gnade kommen und deine Gunst und deinen Schutz empfangen kann. Ich bete deinen wundervollen Namen an und will dir von ganzem Herzen folgen. Amen.

Gedanke des Tages

Den Herrn zu fürchten bedeutet nicht, Angst vor ihm zu haben. Es geht allein darum, mit Zuversicht in seine Gegenwart zu kommen und ihn anzubeten.

TAG 5

DER HERR WIRD DICH LEITEN UND FÜHREN

Der Herr wird dich immer führen, auch im dürren Land macht er dich satt und stärkt deine Glieder. Du gleichst einem bewässerten Garten, einer Quelle, deren Wasser niemals versiegt.

JESAJA 58,11 EÜ

Eine Frau aus Virginia schickte mir ihr Zeugnis, in dem sie erzählt, wie der Herr sie und ihre Tochter während einer Autoreise leitete und beschützte. Lass dich davon segnen, wenn du siehst, wie praktisch der Herr sich um ihre Bedürfnisse und ihren Schutz kümmerte:

In einer Ihrer Predigten im Laufe dieses Jahres erwähnten Sie, dass wir den Schutz des Herrn benötigen. Ich hörte mir diese Predigt immer wieder an und bekannte, dass wir mit der Herrlichkeit und Ehre des Herrn gekrönt sind.

Im April, einige Tage, bevor meine beiden Töchter und ich zu einer Autoreise aufbrachen, ***verspürte ich den Drang, gemeinsam mit meinen Kindern einfach noch einmal Psalm 91 und 23 zu lesen.*** *Wir lasen diese Schriftstellen und sprachen dabei einzelne Verse laut aus, dann las ich meinen Mädchen diese Psalmen nochmals vor, während sie langsam einschliefen.*

Am Tag unserer Reise gerieten wir in zwei fürchterliche Stürme mit bedrohlich dunklen Wolken, starken Windböen und Hagel, während wir Virginia und Tennessee durchquerten. In meinem Herzen hatte ich das Gefühl, ich sollte einfach durch die Stürme hindurchfahren, was ich mithilfe der Gnade Gottes auch tat.

Im Norden von Georgia hielten wir an, um etwas zu essen. Ich wollte die Mahlzeit schnell hinter mich bringen und gleich wieder aufbrechen. ***Doch in meinem Herzen spürte ich, wie der Herr mir sagte, ich solle langsamer machen*** *und meine Mädchen nicht zur Eile antreiben.*

Als wir das Restaurant verließen, ***fühlte ich mich dazu gedrängt, an der Tankstelle nebenan zu tanken****. Ich wusste nicht, weshalb, denn mein Tank war noch mehr als halb voll. Doch ich tat es trotzdem. Dann fuhren wir zurück auf die Schnellstraße und setzten die Reise fort.*

Nachdem wir nicht viel mehr als einen Kilometer gefahren waren, kam der Verkehr völlig zum Erliegen. Wir warteten eine Zeit lang, dann wurde uns klar, dass ein riesiger Tornado nur wenige Minuten zuvor eine Schneise durch die direkt vor uns liegende Ortschaft gezogen hatte! Er verwüstete auch den Abschnitt der Schnellstraße, den wir entlanggefahren wären. Durch die Gnade Gottes sorgte der Herr dafür, dass unsere Weiterreise so weit verzögert wurde, dass wir den Tornado um drei bis fünf Minuten verpassten!

Wir saßen etwa fünf Stunden lang auf der Schnellstraße fest, während von überallher Notfallteams auftauchten, um den Opfern des Tornados zu helfen. Wir beteten im Geist für die Opfer und priesen den Herrn singend für seine rettende Gnade.

Obwohl wir im Auto saßen und fünf Stunden lang nicht vorwärtskamen, hatten wir ausreichend Benzin im Tank und konnten so die meiste Zeit über den DVD-Player (für die Mädchen) laufen lassen. Der Herr hatte uns auf diese Situation vorbereitet, ohne dass es mir bewusst war.

Während wir im Auto warteten, kam ein weiterer Sturm auf und zog über uns hinweg. Er schüttelte unseren SUV heftig durch und alle Radiostationen vermeldeten, ein weiterer Tornado stünde bevor. Wir saßen auf der Straße fest und konnten nirgends ab-

fahren. Ich begann, Psalm 91 über uns auszusprechen und sagte meinen Töchtern, der Herr würde uns sicher beschützen, ganz gleich, wie heftig der Sturm auch sein sollte. Das Wort Gottes beruhigte unsere Herzen. Wir schalteten das Radio mit seinen schlechten Nachrichten aus und priesen den Herrn einfach nur singend für seinen Schutz. Erstaunlicherweise entstand aus dem zweiten Sturm kein weiterer Tornado! Der Herr bewahrte uns und dafür bin ich ihm so dankbar!

Der Teufel beabsichtigte, in unserem Leben Zerstörung zu bewirken, doch die erstaunliche Macht, Liebe und Gnade des Herrn sorgten dafür, dass wir zu jedem Zeitpunkt sicher und geborgen im Schutz des Allerhöchsten waren.

Ich danke Ihnen so sehr, dass Sie das wahre Evangelium von Jesus Christus predigen. Gott segne und behüte Sie und Ihre Familie!

Bist du nicht auch begeistert davon, wie der Herr diese Familie ganz konkret leitete, indem er sie dazu brachte, den Psalm des Schutzes zu lesen, länger in jenem Restaurant zu bleiben und sogar noch den Tank aufzufüllen? Wenn wir ihm folgen und uns von ihm führen lassen, rettet uns der Herr Jesus – denn er selbst ist unser Heil!

Gebet des Tages

Herr Jesus, danke für deine Zusage, mich stetig zu leiten und zu führen. Danke, dass sich alle meine Ängste auflösen und du mich wohlbehalten an deinem geschützten Ort hältst. Ich glaube, dass dein Geist der Weisheit mich mittels Frieden führen und für alle meine Bedürfnisse sorgen wird. Amen.

Gedanke des Tages

Wenn ich den Herrn anbete, lösen sich alle meine Ängste auf, und sein Geist wird mich stetig leiten und führen.

TAG 6

KOMM ZUVERSICHTLICH IN JESU GEGENWART

An jenem Tag richte ich die verfallene Hütte Davids auf, ihre Risse vermauere ich, und ihre Trümmer richte ich auf, und ich baue sie wie in den Tagen der Vorzeit.

AMOS 9,11 ELB

Die obenstehende Prophetie bezieht sich auf unsere Zeit. Die interessante Besonderheit, die Davids Stiftshütte von Moses Stiftshütte unterschied, war das Fehlen eines Vorhangs, der den Menschen von Gott trennte. David konnte den Herrn direkt vor der Bundeslade anbeten.

Die Bibel sagt uns, dass im selben Moment, in dem unser Herr Jesus am Kreuz starb und ausrief: »Es ist vollbracht!« (Joh 19,30), der Vorhang im Tempel von oben bis unten entzweiriss (siehe Mt 27,51) und damit den Weg ins Allerheiligste freigab! Durch Christus gibt es zwischen Gott und den Menschen keine Trennung mehr. *Jeder*, der an Jesus glaubt, wird niemals verloren gehen. Halleluja!

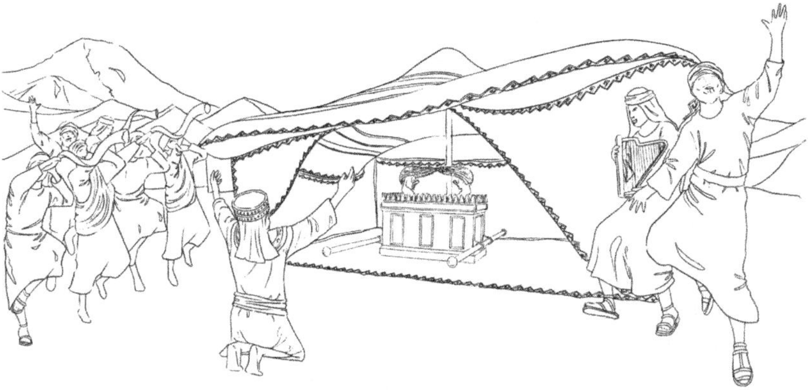

Davids Stiftshütte: David und die Priester konnten Gott direkt vor der Bundeslade öffentlich anbeten.

Ist es nicht wunderbar zu wissen, dass dir, wenn du in Christus bist, alle Sünden vergeben sind und dass du voller Zuversicht zu seinem Thron der Gnade kommen kannst, um ihn anzubeten? Gott hat die Stiftshütte Davids aufgerichtet – mit einer neuen Generation von Anbetern, die keine Angst vor Gott haben und davor, ihm nahezukommen und seine Zusage des göttlichen Schutzes zu empfangen. Niemand von uns kann jemals genug tun, um Gottes Schutz zu verdienen, doch gelobt sei Gott: Durch das Blut Jesu Christi haben wir alle ein Anrecht darauf!

Am Abend des ersten Passahfestes, als die Kinder Israels das Blut eines unschuldigen Lammes auf ihre Türpfosten strichen, sagte Gott zu ihnen: »Und das Blut soll euch zum Zeichen dienen an euren Häusern, in denen ihr seid. Und wenn ich das Blut sehe, dann werde ich verschonend an euch vorübergehen; und es wird euch keine Plage zu *eurem* Verderben treffen, wenn ich das Land Ägypten schlagen werde« (2Mo 12,13). Jesus wurde zu diesem unschuldigen Lamm, das für uns geopfert wurde, als er am Kreuz sein Blut vergoss und starb.

Da wir an Christus glauben, beschützt uns heute sein Blut. Gemeinsam mit dir glaube ich, dass alles Böse, jede Zerstörung und alle Gefahren an dir vorübergehen und sich dir und deiner Familie nicht nähern werden. Lass uns heute zuversichtlich hinzutreten, um unseren Herrn in Davids Stiftshütte anzubeten, wo es keinen trennenden Vorhang gibt. Komm mutig unter seine Flügel und bete den Herrn tagtäglich mit dem Gebet des Schutzes an. Sein kostbares Blut wurde am Gnadenstuhl vergossen – zu unserer vollständigen Erlösung, Bewahrung und Rettung.

Psalm 91 wurde zur Anbetung geschrieben. Komm Tag für Tag vertrauensvoll in die Gegenwart unseres Herrn und bete das Gebet des Schutzes. Dank des vollbrachten Werks unseres Herrn gibt es heute keinen Vorhang, kein Versagen und keine Scham, die dich von Gott trennen könnten. Komm zu deinem himmlischen Vater, bete ihn an und empfange seinen Schutz für dich und deinen gesamten Haushalt!

Gebet des Tages

Himmlischer Vater, danke, dass es dank des vollbrachten Werks Jesu zwischen dir und mir keine Trennung mehr gibt. Danke, dass ich zuversichtlich in deine Gegenwart kommen und dich anbeten kann. Ich glaube, dass alles Böse, alle Zerstörung und jede Gefahr an mir vorübergeht und sich mir und meiner Familie nicht nähern wird. Amen.

Gedanke des Tages

Weil das Blut Christi mich beschützt, wird alles Böse, alle Zerstörung und jede Gefahr an mir vorübergehen und sich mir und meiner Familie nicht nähern.

TAG 7

LEBE IM SCHATTEN SEINER FLÜGEL

Denn auf dich traut meine Seele, und unter dem Schatten deiner Flügel habe ich Zuflucht, bis das Unglück vorübergehe.
PSALM 57,2 LUT

Auch wenn wir tatsächlich in gefährlichen Zeiten leben, solltest du dennoch eines wissen: Wir haben die Zusicherung unseres Abbas, dass wir trotz der uns umgebenden Tumulte sicher, geborgen und beschützt leben können. Unser himmlischer Vater möchte nicht, dass seine Kinder die gleiche Furcht verspüren, die die Herzen der Menschen dieser Welt befallen hat. Vielmehr will er *jede* Spur der Angst aus deinem Herzen vertreiben, indem er dich wissen lässt, dass er dich ausgesondert hat und dass er, der über dich wacht, *niemals* schlummert oder schläft! Wenn Furcht an deine Tür klopft, lass Gottes Verheißungen des Schutzes dein Herz, deine Gedanken und deinen Mund füllen, und der Gott des Friedens, *Jahwe-Schalom*, wird in deine Situation hineinkommen und handeln!

Unser Herr Jesus wünscht sich eine vertraute Beziehung mit uns, und er liebt es, wenn wir anerkennen, wie sehr wir ihn brauchen. Er liebt es, wenn wir uns von ihm im Schatten seiner Flügel, nah an seinem liebenden Herz, verbergen lassen. Das Gebet des Schutzes ist keine Beschwörungsformel und kein ritueller Singsang als Garant für Schutz. Unser Schutz im Herrn dreht sich ganz darum, mit ihm vertraut und ihm nahe zu sein. Wenn du ihn in dein Alltagsleben einbeziehst, wirst du erfahren, wie er dich durch seine Weisheit leitet und dich davor bewahrt, unkluge Entscheidungen zu treffen. Und ich bete, dass sein Schutz in deinem Leben immer stärker sichtbar wird, weil du zunehmend erkennst, wie innig der Herr, der beschützt wie kein anderer, dich liebt.

Ich bin so dankbar für die kostbaren Menschen, die sich die Zeit genommen haben, um mir zu schreiben und mich an den erstaunlichen Geschichten teilhaben zu lassen, die du hier lesen konntest. Ich hoffe, die Begegnungen mit echten Menschen aus aller Welt haben dich dazu ermutigt zu glauben, dass *keine* Waffe, die der Feind gegen dich geschmiedet haben mag, Erfolg haben wird. Bei Gott gibt es keine Bevorzugung – wenn du damit fortfährst, dein Herz im Wort der Gnade zu festigen und Zeugnisse über seine Güte zu hören, wirst auch *du* Wunder der Rettung, des Schutzes und der Heilung in deinem Leben erfahren.

Wenn du dem Herrn vertraust, bete ich, dass du von heute an nicht nur seinen göttlichen Schutz in höherem Maße erleben wirst, sondern auch *jede* Segnung, die der Herr Jesus für dich am Kreuz von Golgatha erworben hat. Lieber Freund, ich bete, dass wir, indem wir unsere Herzen mit den Wahrheiten und Verheißungen von Psalm 91 stärken, in der Tat zuversichtlich und furchtlos in diesen gefährlichen Zeiten leben werden.

Gebet des Tages

Herr Jesus, danke, dass jede Spur von Furcht aus meinen Herzen vertrieben wird, wenn ich im Schatten deiner Flügel, nah an deinem Herzen, wohne. Danke, dass die Wahrheiten und Verheißungen von Psalm 91 alle Ängste aus meinem Herzen und meinem Denken verbannen werden. Ich erkläre, dass ich dank deiner Liebe zu mir in diesen gefährlichen Zeiten furchtlos leben kann. Amen.

Gedanke des Tages

Wenn ich zulasse, dass Gottes Verheißungen des Schutzes mein Herz, mein Denken und meinen Mund füllen, werde ich wirklich zuversichtlich und furchtlos leben und Wunder der Rettung, Bewahrung und Heilung in meinem Leben erfahren.

ANMERKUNGEN

1 OT: 3427, James Strong, *Biblesoft's New Exhaustive Strong's Numbers and Concordance with Expanded Greek-Hebrew Dictionary*. Copyright © 1994, 2003, 2006 Biblesoft, Inc. and International Bible Translators, Inc.

2 OT: 4268, James Strong, *Biblesoft's New Exhaustive Strong's Numbers and Concordance with Expanded Greek-Hebrew Dictionary*. Copyright © 1994, 2003, 2006 Biblesoft, Inc. and International Bible Translators, Inc.

3 OT: 4686, James Strong, *Biblesoft's New Exhaustive Strong's Numbers and Concordance with Expanded Greek-Hebrew Dictionary*. Copyright © 1994, 2003, 2006 Biblesoft, Inc. and International Bible Translators, Inc.

4 OT: 3068, William Edwy Vine, *Vine's Expository Dictionary of Biblical Words*. Copyright © 1985, Thomas Nelson Publishers.

5 www.hebrew-streams.org/frontstuff/jesus-yeshua.html (abgerufen am 22.11.2016).

6 *Elberfelder Studienbibel*, AT 443, Witten: SCM R.Brockhaus 2013.

7 *Elberfelder Studienbibel*, AT 6385, Witten: SCM R.Brockhaus 2013.

8 *Elberfelder Studienbibel*, AT 6424 und 6425, Witten: SCM R.Brockhaus 2013.

9 OT: 4745, James Strong, *Biblesoft's New Exhaustive Strong's Numbers and Concordance with Expanded Greek-Hebrew Dictionary*. Copyright © 1994, 2003, 2006 Biblesoft, Inc. and International Bible Translators, Inc.

10 *Elberfelder Studienbibel*, AT 3803, Witten: SCM R.Brockhaus 2013.

11 *Elberfelder Studienbibel*, NT 2773, Witten: SCM R.Brockhaus 2013.

12 https://www.blueletterbible.org/lang/Lexicon/lexicon.cfm?strongs=H7965&t=KJV (abgerufen am 31.03.2016).

13 http://eresources.nlb.gov.sg/infopedia/articles/SIP_1529_2009-06-03.html (abgerufen am 01.04.2016).

14 http://www.biblestudytools.com/dictionaries/smiths-bible-dictionary/kedesh.html (abgerufen am 07.04.2016).

15 http://www.biblestudytools.com/dictionaries/smiths-bible-dictionary/shechem.html (abgerufen am 07.04.2016).

16 http://biblehub.com/topical/h/hebron.htm (abgerufen am 07.04.2016).

17 OT: 1221, Joseph Henry Thayer, Francis Brown, Samuel Rolles Driver, and Charles Augustus Briggs, *The Online Bible Thayer's Greek Lexicon and Brown Driver & Briggs Hebrew Lexicon.* Copyright © 1993, Woodside Bible Fellowship, Ontario, Canada. Licensed from the Institute for Creation Research.

18 OT: 7216, Joseph Henry Thayer, Francis Brown, Samuel Rolles Driver, and Charles Augustus Briggs, *The Online Bible Thayer's Greek Lexicon and Brown Driver & Briggs Hebrew Lexicon.* Copyright © 1993, Woodside Bible Fellowship, Ontario, Canada. Licensed from the Institute for Creation Research.

19 OT: 1474, Joseph Henry Thayer, Francis Brown, Samuel Rolles Driver, and Charles Augustus Briggs, *The Online Bible Thayer's Greek Lexicon and Brown Driver & Briggs Hebrew Lexicon.* Copyright © 1993, Woodside Bible Fellowship, Ontario, Canada. Licensed from the Institute for Creation Research.

20 OT: 2620, James Strong, *Biblesoft's New Exhaustive Strong's Numbers and Concordance with Expanded Greek-Hebrew Dictionary.* Copyright © 1994, 2003, 2006 Biblesoft, Inc. and International Bible Translators, Inc.

21 *Elberfelder Studienbibel*, AT 1914, Witten: SCM R.Brockhaus 2013.

22 *Elberfelder Studienbibel*, AT 7700 und 7702, Witten: SCM R.Brockhaus 2013.

23 *Elberfelder Studienbibel*, AT 3795, Witten: SCM R.Brockhaus 2013.

24 *Elberfelder Studienbibel*, AT 4911, Witten: SCM R.Brockhaus 2013.

25 OT: 1657, Joseph Henry Thayer, Francis Brown, Samuel Rolles Driver, and Charles Augustus Briggs, *The Online Bible Thayer's Greek Lexicon and Brown Driver & Briggs Hebrew Lexicon.* Copyright © 1993, Woodside Bible Fellowship, Ontario, Canada. Licensed from the Institute for Creation Research.

26 *Elberfelder Studienbibel*, AT 3524, Witten: SCM R.Brockhaus 2013.

GEBET FÜR DEINE ERRETTUNG

Wenn du alles empfangen willst, was Jesus für dich getan hat, und ihn zu deinem Herrn und Retter machen möchtest, bete bitte dieses Gebet:

Herr Jesus, danke, dass du mich liebst und für mich am Kreuz gestorben bist. Dein kostbares Blut wäscht mich von jeder Sünde rein. Du bist jetzt und für immer mein Herr und mein Retter. Ich glaube, dass du von den Toten auferstanden bist und heute lebst. Wegen deines vollbrachten Werkes bin ich jetzt ein geliebtes Kind Gottes und der Himmel ist mein Zuhause. Danke, dass du mir ewiges Leben gibst und mein Herz mit deinem Frieden und deiner Freude erfüllst. Amen.

WIR WÜRDEN UNS FREUEN, VON DIR ZU HÖREN

Wenn du das Gebet für deine Errettung gebetet hast oder uns nach dem Lesen dieses Buches gern ein Zeugnis erzählen möchtest, schreib uns: **www.JosephPrince.de/Zeugnis**

BLEIBE MIT JOSEPH IN KONTAKT

Über die folgenden Social-Media-Kanäle kannst du mit Joseph in Kontakt bleiben und täglich inspirierende Impulse (in englischer Sprache) erhalten:

Facebook.com/JosephPrince
Twitter.com/JosephPrince
Youtube.com/@JosephPrince
Instagram: @JosephPrince

KOSTENLOSE TÄGLICHE E-MAIL-ANDACHTEN

Trage dich unter **JosephPrince.de/Andachten** in den Verteiler für Josephs kostenlose E-Mail-Andachten ein und erhalte jeden Tag kurze Botschaften, die dir helfen, in der Gnade zu wachsen.

Lass los und lebe

Finde heraus, dass du nicht dazu geschaffen bist, besorgt und gestresst zu leben. Vielmehr beruft dich Gott dazu, ein Leben der Ruhe zu führen. Erfahre, wie du von Stress frei wirst und Gottes Gnade in den sorgenfreien Bereichen deines Lebens unvermindert fließen sehen kannst.

347 Seiten, gebunden, ISBN 978-3-95933-070-1
Auch als E-Book erhältlich.

Lass los und lebe
Hörbuch

Gelesen von Philipp Schepmann
567 Min. – ungekürzte Lesung

1 MP3-CD: ISBN 978-3-95933-072-5
8 Audio-CDs: ISBN 978-3-95933-073-2
Auch als Download erhältlich.

Zur Herrschaft bestimmt

Menschen sind zu einem erfüllten und siegreichen Leben berufen. Durch Jesus hat Gott alles dafür vollbracht. Joseph Prince zeigt, wie wir Krankheiten, finanziellen Notlagen, zerbrochenen Beziehungen und zerstörerischen Gewohnheiten mit Zuversicht und Autorität entgegentreten können.

348 Seiten, Paperback, ISBN 978-3-95933-279-8
Auch als E-Book erhältlich.

Zur Herrschaft bestimmt Hörbuch

Gelesen von Philipp Schepmann
600 Min. – ungekürzte Lesung

1 MP3-CD: ISBN 978-3-943597-73-8
8 Audio-CDs: ISBN 978-3-943597-72-1
Auch als Download erhältlich.

Weitere Bücher von Joseph Prince:

Keine Angst mehr
Hoffnung, die nie enttäuscht
Jesus, mein bester Freund
Expedition Verheißenes Land
Zur Herrschaft bestimmt – 365 Andachten
Das Eine, das zählt
Gedanken für ein Leben des Loslassens
Gnadenzusagen für Mütter
Gnadenzusagen für Väter
Die Heilkraft des Abendmahls
Heilungszusagen
Versorgungszusagen
Unaufhaltsamer Glaube
Gib mir diesen Berg
Verankert
Schluss mit negativen Gedanken
Die Revolution der Gnade
Herrliche Gnade
Die Kraft des richtigen Glaubens
100 Tage in der Kraft des richtigen Glaubens
Herrsche im Leben
Unverdiente Gunst
100 Tage der Gunst
Gesund und heil durch das Abendmahl
Iss sich gesund
Setze Gottes Kraft frei
Von der Gebundenheit zum Durchbruch
Zur richtigen Zeit am richtigen Ort
Geistliche Kampfführung

Mehr Informationen zu seinen Büchern und anderem inspirierenden Material findest du auf: *www.JosephPrince.de* und *www.gracetoday.de*